CONFISSÕES DE UM PADRE

Padre Fábio de Abreu Lima

CONFISSÕES DE UM PADRE

De catador de latinhas a pescador de almas

Entrevista e organização
João Victor Fernandes Nogueira

Copyright © 2020 de padre Fábio de Abreu Lima e João Victor Fernandes Nogueira
Todos os direitos desta edição reservados à Editora Labrador.

Coordenação editorial
Erika Nakahata e Pamela Oliveira

Revisão
Laila Guilherme

Projeto gráfico, diagramação e capa
Felipe Rosa

Edição das entrevistas
Ivily Maria Medeiros Cabral
Líria Sousa Carreiro
Nágylla Gomes Lima
Tatiane Medeiros de Lucena

Assistência editorial
Gabriela Castro

Preparação de texto
Laura Folgueira

Imagem de capa
Cathopic (Matías Medina)

Dados Internacionais de Catalogação na Publicação (CIP)
Angelica Ilacqua – CRB-8/7057

Lima, Fábio de Abreu
  Confissões de um padre : de catador de latinhas a pescador de almas / Padre Fábio de Abreu Lima ; entrevista e organização de João Victor Fernandes Nogueira. – São Paulo : Labrador, 2020.
  240 p.

ISBN 978-65-5625-017-5

1. Lima, Fábio de Abreu, 1975 – Biografia 2. Clero – Biografia 2. Lima, Fábio de Abreu, 1975 – Entrevista I. Título II. Nogueira, João Victor Fernandes

20-2024

CDD 922

Índice para catálogo sistemático:
1. Clero : Biografia

Editora Labrador
Diretor editorial: Daniel Pinsky
Rua Dr. José Elias, 520 – Alto da Lapa
05083-030 – São Paulo – SP
+55 (11) 3641-7446
contato@editoralabrador.com.br
www.editoralabrador.com.br
facebook.com/editoralabrador
instagram.com/editoralabrador

A reprodução de qualquer parte desta obra é ilegal e configura uma apropriação indevida dos direitos intelectuais e patrimoniais dos autores.

A editora não é responsável pelo conteúdo deste livro.
Os autores conhecem os fatos narrados, pelos quais são responsáveis, assim como se responsabilizam pelos juízos emitidos.

SUMÁRIO

Prefácio — *Por padre Elias Ramalho Gomes* 7
Nota do entrevistador e organizador — *Por João Victor Fernandes Nogueira* 11
1. "Eu te escolhi desde o ventre de tua mãe..." 15
2. Uma vida simples... 33
3. Um caminho exigente... 48
4. O caminho da ordenação presbiteral 65
5. O dia inesquecível 79
6. O primeiro amor 92
7. Vida afetiva 110
8. O ministério episcopal 119
9. O misterioso retiro de Ars 131
10. A cidade eterna 146
11. Um tesouro escondido 156
12. O inesperado 168
13. A reforma 174
14. Os santos: sinal do novo reino 182
15. A volta às salas de aula 187
16. A presença feminina 189
17. A angústia pelas injustiças do mundo 193
18. A esposa 200
19. Imperfeição 207
20. O futuro 217
Carta a um jovem padre — *Por padre Fábio de Abreu Lima* 232

PREFÁCIO

Por padre Elias Ramalho Gomes*

Neste quarto domingo do Advento, 22 de dezembro de 2019, após celebrar quatro missas, sentei-me para escrever a página inicial de mais um livro escrito pelo meu querido irmão, padre Fábio de Abreu Lima, o que, para mim, é uma honra e motivo de gratidão.

Trata-se de uma obra de autobiografia focada na família, na vocação e no ministério de presbítero do próprio autor. É um olhar sobre a sua infância e sua adolescência na grande e abençoada família que Deus lhe deu. A partir daí, uma abordagem sobre a saudável caminhada vocacional e a frutuosa missão sacerdotal.

O foco no discernimento vocacional e o zelo sacerdotal marcam toda a obra, pois, após celebrar duas décadas de vida sacerdotal, quis padre Fábio escrever sobre sua história de escolhido e enviado do Senhor, para fazer memória das maravilhas que Deus tem operado em sua vida e, também, motivar o despertar vocacional em muitos adolescentes e jovens. Quem o conhece sabe quão intensivo e dinâmico é o seu ministério sacerdotal. Assim, também, o foi quando vocacionado e seminarista — característica de sua personalidade e, disciplinarmente, aplicada a sua vida sacerdotal.

---

* Presbítero da diocese de Patos — Paraíba, e mestre em Teologia Moral pela Pontifícia Universidade Alfonsiana.

Quero, aqui, fazer alguns destaques ao texto e, sobretudo, à intenção do autor ao escrever esta obra. Nada além de algumas notas introdutórias, sem tirar o prazer da leitura de cada página.

Quando alguém se dá ao trabalho de escrever sobre algo, corre dois riscos: não dizer tudo ou não dizer o essencial. O objetivo de escrever algo define o campo de abrangência e o conteúdo a ser desenvolvido. Tenho clareza de que o autor quer, com este trabalho, celebrar as alegrias de sua frutuosa caminhada de consagração total e indivisa ao Senhor, Cabeça e à Igreja, Corpo de Cristo. Sendo um homem apaixonado por Jesus Cristo e, igualmente, por Sua Igreja, presenteia-nos com este livro expondo sua vida desde a infância até os dias atuais, notificando a mão bondosa de Deus em seu favor.

Sem medo e sem reservas, dialoga com o leitor a partir de sua história com o claro objetivo de dizer: valeu a pena sofrer o que sofri, valeu a pena chorar o que chorei... Como diz o salmista: "Os que semeiam entre lágrimas colherão entre risos" (Sl 126).

Como é belo e indispensável ter uma família, e uma família cristã, mais ainda. Como afirmou São João Paulo II: "A família é uma arquitetura de divina". Isto é, a família é imagem e ícone de Deus — Trindade Santa, comunidade de amor. Padre Fábio, ao falar da sua família, nos faz pensar no mistério da nossa existência, na relação criatura e criador, pai e filho, comunidade de vida e de amor.

A pobreza material é uma grande barreira para a educação formal dos filhos, enquanto a formação moral, ética e virtuosa passa pela sabedoria da vida de quem bebe nas fontes da espiritualidade cristã, inclusive na mais simples, como a devocional vivida pela grande maioria de nossas famílias. A religiosidade popular está recheada das virtudes evangélicas; uma delas é a sacralidade da família, outra é a obediência dos filhos aos pais, experiência que está na base da formação de padre Fábio. "Filho, honra teu pai e a tua mãe, serás abençoado e terás longa vida"*.

---

* Ex 20,12.

Como é poderoso ter na caminhada, sobretudo na adolescência e na juventude, pessoas que são, verdadeiramente, presentes em nossa vida, exemplos que nos suscitam sonhos e motivam um modo de viver virtuoso na terra e plausível no céu. Muitos exemplos foram citados pelo agradecido padre Fábio neste livro. Ele reconhece, humildemente, como esses irmãos e irmãs lhe fizeram bem na sua formação, sendo como bússolas que indicaram o horizonte, adubos que fizeram revigorar quando o desânimo batia à porta, foices para podar aquilo que crescia e era reprovado aos olhos de Deus, bálsamos para embelezar a vida, os sonhos, as esperanças. Há pessoas que passam por nós e deixam rastro de sabedoria e santidade que, como reserva, nos alimentam sobretudo quando em tempo de penúria.

Como são determinantes o esforço e as oportunidades que os estudos nos dão. A formação abre perspectivas de vida fantásticas e nos prepara para o serviço edificante e generoso às pessoas, à Igreja e à sociedade. Apesar das dificuldades por que passaram na condição de empobrecimento, seus pais deram-lhe, assim como aos demais filhos, a maior oportunidade de ascensão social: os estudos. Benditos pais! Da família de sangue à família de fé, tudo contribuiu para uma formação intelectual sólida, acompanhada pela formação religiosa e pastoral. O cume foram o bacharelado em filosofia e teologia e, sobretudo, os estudos em Roma, especializando-se em Patrística*, uma das áreas mais belas da formação teológica.

Esta obra está recheada de citações dos Padres da Igreja, quer gregos, quer latinos. É louvável e um verdadeiro privilégio poder contar com a especialização do autor nas fontes imediatas à época apostólica. Essa especialização pós-bacharelado em teologia nos faz rever toda a

---

* A Patrística é o nome dado ao estudo teológico elaborado pelos primeiros padres da Igreja: um conjunto de autores que viveram nos primeiros séculos da vida cristã e obras escritas por eles. Iniciou-se no Ocidente com os Padres Apostólicos — aqueles que foram discípulos diretos dos 12 apóstolos de Cristo —, com duração até o século VII; e, no Oriente, estendendo-se até o século VIII.

disciplina, sobretudo, beber nas fontes da Sagrada Tradição da Igreja. Estudar os Padres da Igreja é passar pela escola dos grandes santos e doutores. Essa experiência nos renova, nos fortalece na espiritualidade, no amor à Igreja e sua missão no mundo sem tirar os olhos do crucificado e ressuscitado, que clama todo dia pela transformação do mundo a partir da renovação interior da pessoa humana.

Tudo neste livro foi escrito para agradecer a Deus pelo dom da vida sacerdotal e, também, motivar adolescentes e jovens no despertar vocacional, grande e exigente tarefa da Igreja em todo tempo — sobretudo hoje, tempo de nebulosas visões e inquietantes buscas.

Desejo a todos uma boa leitura e que possam desfrutar um pouco da companhia do padre Fábio, intelectual e místico.

NOTA DO ENTREVISTADOR E ORGANIZADOR

*Por João Victor Fernandes Nogueira**

Conheci o padre Fábio de Abreu em 2009, quando ainda era vigário de uma das maiores paróquias de sua diocese. Afamado por sua abertura às novas expressões que o Espírito Santo fazia surgir na Igreja, suas análises foram sempre apontadas pela lucidez e pela independência do discurso.

De fato, falar ao público, em tempos de extrema polaridade, sem perder a paz de espírito e a imparcialidade da argumentação, não é para tantos. Nesta obra, você, caro leitor, poderá apreciar, em vinte capítulos — referenciando-se às bodas de porcelana sacerdotal —, a história pessoal e vocacional desse sacerdote e, logo mais, suas perspectivas do futuro da Igreja e da fé.

Aqui, conheceremos um pouco do "Binho" (apelido carinhoso de sua família, quando criança) ao padre Fábio de Abreu Lima (estudante de patrologia em Roma). Sua linguagem direta reflete um presbítero consciente dos limites que a Igreja (enquanto instituição divina, formada por homens) carrega; contudo, precisamente por sua ótica rea-

---

* Fundador do Projeto Madre Teresa. Advogado. Graduado em Direito pelo UNIPÊ. Extensor acadêmico, em regime de mobilidade, na Universidade do Porto — Portugal. Em 2016, lançou o livro *O que acontece verdadeiramente na Santa Missa*.

lista, ele é um confesso apaixonado por aquela outrora fundada por Cristo. O olhar atento de alguém que transitou por tantas sacristias comunica um presbiterato mais unido à Igreja de Papa Francisco.

Os textos estão carregados de afeto. As lágrimas e as risadas disputaram o protagonismo durante as entrevistas, gravadas em aproximadamente dois meses, totalizando cerca de dezoito horas de diálogos. Eu e a equipe de transcritores das conversas não nos cansávamos. Uma das integrantes confessou-me: "Depois desta experiência, não posso ser mais a mesma".

O padre já tinha esta ideia em mente. Em julho de 2019, me convidou para entrevistá-lo, de acordo com alguns temas e com o formato planejado. Senti-me extremamente honrado. Em outubro, ele completaria duas décadas de ordenação sacerdotal e, inicialmente, desejava publicar naquele mês. Não foi possível. O processo de escrita e edição de um livro demanda tempo, sobretudo se aqueles que o fazem têm outras tantas ocupações.

Hoje, entendo não ter havido atrasos. O *chronos* jamais suplantará o *káiros*. Em Deus, o tempo é mistério. Não tenho dúvidas, esta obra chegou até as suas mãos em momento oportuno, com um propósito: evidenciar o retrato de uma Igreja que, muito provavelmente, a mídia desconhece. Uma instituição, apesar de suas limitações, empenhada em reconstruir-se aos moldes do Evangelho, como acontecera com o pobre de Assis, no século XIII.

Faço votos de uma proveitosa leitura, certo de que aqueles que se utilizarem de honestidade intelectual poderão fazer descobertas e enfrentar um caminho de maturação da fé para proclamarem o credo. Sairão mais convictos não de fantasias, mas do Cristo que continua a falar pelos séculos através da sua Igreja.

Caríssimo padre Fábio, devo dizer-lhe de minha alegria em mediar esta conversa entre o senhor e seus leitores. As palavras são capazes de transformar vidas. A comemoração de vinte anos de sua ordenação sacerdotal é um tempo muito propício para fazer memória de tantos momentos belos e também desafiantes experimentados durante estas duas décadas. Muito obrigado pela confiança!

1. "Eu te escolhi desde o ventre de tua mãe..."[1]

A primeira pergunta não poderia ser outra: como o senhor descobriu sua vocação?

A descoberta da minha vocação está muito ligada à comunidade Nossa Senhora do Perpétuo Socorro, a qual frequentava desde pequeno e, também, a alguns fatos e pessoas, através dos quais Deus me falou sobre meu chamado. Desde muito novo, já dizia querer ser padre. A primeira vez que falei explicitamente sobre isso foi em um domingo. Fui à missa na Igreja Nossa Senhora do Perpétuo Socorro e, ao voltar, eu, aos 11 anos, chamei meus pais e lhes falei do meu desejo. Na hora, meu pai relutou um pouco, já que se tratava de um curso muito caro, e por achar que o estudo era muito difícil. Já minha mãe foi favorável e disse que Deus proveria.

Meu bisavô paterno quis ser padre, mas não conseguiu. Meu avô também. Ele rezava todo dia o rosário, tinha a religião nas entranhas. Até o meu próprio pai, quando pequeno, quis ser sacerdote. Havia esse histórico de tentativas frustradas e de desistências porque, no passado, ser padre era para os muito ricos ou para quem vendia até gado ou fazenda para poder pagar a pensão.

---
1. Jr 1,5.

Dom Helder, por exemplo, conta que sua família só conseguia pagar meia-pensão, e ele precisava conseguir o resto com amigos e padrinhos.

Na época do senhor, ainda havia essa dinâmica de pensão?

Na minha época, não. Só que muitos não sabiam, como até hoje não sabem, como funcionam o seminário, a vida cotidiana e as despesas.

Meu pai pensava que teria de pagar tudo. Por isso, desestimulou-me um pouco, mas eu estava muito convicto. Antes desse momento, o ápice da minha decisão, Deus já vinha me deixando muito inquieto. Eu queria muito servi-Lo e, apesar de ver minha mãe como boa católica, meu pai e meus irmãos que iam à missa, eu desejava mais radicalidade na minha vida. Quando eu era mais novo, cheguei até a dizer para a minha mãe que, por ver mais radicalidade nos evangélicos, desejava sê-lo.

Voltando à pergunta inicial, eu era muito novo e vivia umas experiências místicas muito fortes. Nós dormíamos na sala e acordávamos cedo. Minha mãe, normalmente, não permitia que passássemos das seis horas. Ela dizia que devíamos nos levantar ao nascer do sol. Assim, todos nos levantávamos cedo e tomávamos café com pão e manteiga ou, quando não tínhamos manteiga, só com o pão seco, mesmo, e procurávamos o que fazer.

Certo dia, aos 11 anos, eu estava deitado na rede e ouvi uma voz muito forte. Era uma espécie de um arrebatamento espiritual. Sentia a presença do Espírito Santo, e Ele me dizia "Você é meu filho" e me convidava a conhecê-lo mais de perto. E, assim, toda a minha vida tem sido uma busca por conhecer quem é Deus. A terceira Pessoa da Santíssima Trindade sempre me encantara muito. Recebi o chamado, entrei na Renovação Carismática, repousei no Espírito e comecei o percurso com Ele, nessa tenra idade, orando em línguas e rezando pelas pessoas.

Depois, a experiência foi com Nossa Senhora, e minha vocação relaciona-se a isso também. Aos 4, 5 anos, tive um sarampo muito forte e fui desenganado pelos médicos. Retornando a casa, minha mãe, comigo nos braços, ajoelhou-se na porta da Igreja de Nossa Senhora de Fátima. Era meio-dia, um sol quente. E, chorando diante da imagem Dela, minha mãe disse: "Maria Santíssima, salve meu filho e, depois, faça dele o que a Senhora achar que deva fazer. Ele é seu". Assim, sempre que me contava sobre essa experiência, minha mãe me dizia que sou filho de Deus e fruto de Nossa Senhora.

Então, o seu sacerdócio também teve a mão de Nossa Senhora?

Sim, e mão forte! Até porque todas as paróquias pelas quais passei eram marianas. Assumi, também, a de Nossa Senhora da Conceição em Água Branca e a de Nossa Senhora de Fátima em Patos. Então, são três paróquias marianas! Para mim, não havia dúvida de que a próxima seria mariana também. Porém, hoje, sou pároco de uma comunidade paroquial consagrada a São Miguel Arcanjo.

Sabendo desse sonho, procurei minha catequista, que mais tarde foi assassinada, cruelmente, pela própria filha. Sua história é muito forte na Paróquia Nossa Senhora do Perpétuo Socorro. Alguns a chamavam de louca, mas, na verdade, ela era muito mística, tinha visões e um modo diferente de viver. Vivia como se fosse um eremita do deserto, com o objetivo de rezar e catequizar. Um dia, disse-lhe que queria ser padre e pedi que rezasse por mim. Ela rezou e me disse que nunca me esquecesse de Nossa Senhora da Conceição, a qual me tomaria como afilhado e me acompanharia por todo o percurso do seminário, sendo interventora a meu favor.

Como Deus revela-se? Ele fala através de experiências extraordinárias e místicas ou na vida cotidiana, através de sinais simples e eloquentes?

Deus fala conosco de muitas maneiras porque Ele sabe o modo como estamos preparados para acolher a Sua mensagem naquele momento. Segundo a Carta aos Hebreus, Ele se revelara desde o princípio, de muitas maneiras,[2] respeitando o ouvinte nas suas condições, na sua estatura humana, no seu lugar histórico. E se revela seja de modos particulares, no cotidiano, seja de maneiras extraordinárias, arrebatando-nos a uma realidade superior para nos dizer o que Ele deseja.

No livro do profeta Oseias, há uma passagem muito bela, na qual Deus fala para a humanidade, como um noivo fala à noiva: "Por isso, eis que vou, eu mesmo, seduzi-la, conduzi-la ao deserto e falar-lhe ao coração".[3] É como se Deus o arrebatasse e o levasse para a montanha para falar e, naquele momento, é algo entre você e Ele, embora o que nos diga, em particular, não sirva apenas para nós, pois é a construção do Reino de Deus e será em vista do bem maior e da comunidade.

Os dons sempre são para o serviço...

Exato! Os dons são sempre para o serviço, como insiste o Papa Francisco. Eu também falava sobre isso com o povo. Por exemplo, para que as olivas produzam o azeite extravirgem que cura até feridas, ficam sobre uma pedra, enquanto outra pedra pesadíssima as esmaga. Da mesma forma ocorre quando Deus nos fala em momentos de angústia e de dor. E, assim, sai o óleo precioso, não para você, mas para os outros, tal como a oliveira não toma o óleo extravirgem que produz. Dessa maneira, conseguimos, em nossa fragilidade, transformar os dons em fertilidade em vista dos outros.

Quando menino, que ideia o senhor tinha de um padre?

Para mim, o padre era um homem da santidade, de muita oração. Então, muitas vezes, eu usava uma camisa longa do meu irmão mais velho, para simular uma túnica. Juntava as crianças da rua e fazia procissões, catequeses etc. Tudo isso inspirado em padre Severino,

---
2. Cf. Hb 1,1.
3. Os 2,16.

o mais puro e santo que já conheci na Diocese de Patos. Lembrei-me de uma anedota contada por padre Laíres a ele, em que dizia que não serviriam para casar, por serem muito ingênuos.

Homem muito simples, andava em um carro antigo e era acessível às pessoas. Não via barreiras para pregar o Evangelho. Se alguém pedisse para se confessar no meio da rua, ele o fazia, apenas escolhia um canto mais reservado. Esse foi o modelo de padre que eu conheci, com uma vida de santidade muito forte, de devoção aos santos, de muita oração, de liturgia diária, de liturgia das horas...

Apesar de ser um homem muito culto (fluente em latim, francês e grego), ele conseguia encontrar eco no coração das pessoas, pois falava com simplicidade. Inclusive, no período dele na comunidade de Nossa Senhora do Perpétuo Socorro, muitas vocações surgiram, pois os fiéis o amavam.

Sendo assim, optando por ser padre, busquei percorrer um caminho semelhante aos modelos sacerdotais com os quais convivi.

Qual fato mais imprime esse despertar de novas vocações? Em uma paróquia, por exemplo, quando acontece um "estouro" de vocações, qual é o fator que mais "arrasta"?

Antigamente, contava-se uma anedota de que congregações passavam de caminhão perguntando quem queria ser padre. Juntavam-se meninos aos montes. E, assim, sem fazer nenhuma seleção, levavam-nos para os seminários e conventos [*risos*].

Mas, respondendo à pergunta, acho que um padre "mede" o seu ministério se, por onde passou, despertou alguma vocação e enviou algum jovem para o seminário. Este é o sinal de que ele viveu o Evangelho e cativou os jovens.

O que também marca muito é o jeito como o padre trata as pessoas, se é bem o suficiente, para que uma criança possa dizer querer ser como ele ao crescer. O chamado é de Deus, mas Ele usa mediações, porque é no dia a dia que a coisa acontece! Eu acredito muito no testemunho!

O Papa Bento XVI disse que, quando criança, adorava brincar de padre. Segundo ele, "era uma diversão muito comum e bonita". O senhor chegou a brincar de celebrar missa?

Celebrava missas e distribuía bolachas, sim [risos]! Toda criança que pensou em ser padre, algum dia fez isso.

O senhor participava da vida paroquial ou através de uma comunidade? Como se deu sua inserção na vida eclesial?

Quando decidi ser padre, minha primeira atitude foi procurar uma pessoa da comunidade para me engajar. Comecei como catequista. Padre Norberto, o vigário, foi quem primeiro me acompanhou. Depois, padre Luciano passou seis meses lá, e houve ainda padre Severino, que marcou realmente a minha caminhada eclesial, acompanhando-me constantemente.

Como começou a vida na Igreja?

Comecei como catequista; depois disso, entrei na legião de Maria — um movimento de espiritualidade — e na Renovação Carismática. Especificamente, na comunidade de Nossa Senhora do Perpétuo Socorro, desenvolvi o meu chamado. Havia um grupo de vocacionados que se reunia todo fim de semana, e eu rezava com eles.

Porém, com todo o respeito, percebi que era um grupo de jovens que se reunia com intuitos diversos. Gostavam de conversar, de contar piadas. A maioria ali não era vocacionada. Estava por interesse. Depois, ia para o seminário, visando um campo para jogar bola ou um lanche. Não era o meu objetivo.

Mais tarde, percebi que poderia fazer algo a mais, além das fronteiras, além da paróquia. Então, durante a semana, andava de porta em porta, pedindo ajuda para o abrigo de idosos. Juntava as doações e, no sábado, entregava a pé ou de bicicleta, porque não havia outro jeito. Passava a manhã com eles e almoçava também. Pelo menos uma vez por mês, fazíamos isso.

Foi algo muito importante para mim. Entendi que minha vocação não é somente diante do altar, entre mim e Deus. Ela passa pelas mediações humanas, pelo serviço; e o serviço tem de ser, sobretudo, para aqueles que mais precisam. Padre é padre para todos, mas deve ter uma atenção especial com aquele que sofre. Por isso, eu ia ao abrigo dos idosos para ouvi-los e para conversar.

Portanto, busquei engajar-me nas coisas da comunidade. O que pude, eu fiz. Ajudava a cantar e fui coroinha.

O senhor vem de uma família tradicional, de sete irmãos. Como era a criança Fábio ou, assim chamado por alguns da família, Fabinho?
Minha mãe disse que eu era um pouco diferente dos outros. Acredito que era mesmo. Por exemplo, não gostava muito das modas, de camisetas regatas. Uma vez, ela me presenteou com uma. Chorei e não usei.

Outra vez, comprou um macacão. Também chorei e não usei. Eu gostava de usar calça comprida social e camisa. Não vestia jeans. Só fui usar esse tipo de calça depois de uns 35 anos.

Tinha um estilo de vida diferente; afinal, cada um tem direito a ter o seu. Eu era uma criança que brincava como as outras. Minhas brincadeiras eram muito simples, não tinham o requinte de hoje. Eu brincava muito em grupo. Juntavam todos da rua à noite, depois do jantar, por volta das 18h, e nossos pais ficavam na calçada conversando e vigiando nossas brincadeiras até umas 19h30,20h.

Eram brincadeiras de corridas. Normalmente, envolviam muita interação. Voltava pra casa, tomava banho ou só lavava os pés. Meus pais diziam que, com o pé sujo, não podíamos nos deitar na rede. O corpo podia estar todo sujo, mas os pés deviam ser lavados antes de dormir [*risos*].

Além disso, eu também ajudava em casa. Fui sempre muito prestativo, não admitia ver minha mãe trabalhando excessivamente. Ela costurava para manter a casa, e eu ficava abismado.

Gostava muito de dançar. Forró, quadrilha [*risos*], que é a dança cultural do nordestino. E, como eu dançava todos os anos, minha mãe caprichava nas roupas que preparava para mim. O colorido das vestes me encantava!

Mas aquele era outro tempo. Tudo se conduzia de forma leve. O intuito era apenas a interação sadia entre as pessoas.

O senhor tinha algum apelido? Como era chamado, quando criança?

Era Fabinho. Ninguém tem um nome só, não é? É de admirar que Nossa Senhora tenha mais de novecentos nomes. Mas, se fôssemos conhecidos como ela, teríamos muito mais.

Temos os apelidos de casa, da escola, do trabalho e outro para os mais íntimos. Na verdade, eu era o "Fabinho" para algumas pessoas e, para as minhas irmãs, eu era "Binho". Dom Paulo Jackson, às vezes, ainda me chama assim [*risos*]. Eu podia estar bem concentrado, mas, ao ouvir aquela voz me chamando assim, logo sabia que era ele.

Em 1992, o senhor já estava no seminário. Precisamente, morando em Patos. Seu irmão policial, Valdeci, com 22 anos de idade, foi assassinado em Jericó, interior da Paraíba. Como o senhor recebeu esta notícia?

Lembro-me que era de noite. Anoitecia, eu estava praticando esporte no seminário, e, então, chegou a notícia. Tomei banho rápido e fui para a casa dos meus pais. Foi uma notícia que me estremeceu, pois eu amava o meu irmão [*voz embargada*].

Era o mais velho, e irmãos mais velhos são sempre uma espécie de "segundo pai". Era como se fosse um "pai reserva". Então ele morreu...

Meu pai sempre foi um grande pai, mas, com a perda do meu irmão, senti uma "experiência de orfanato", não no sentido próprio.

É que, como meu pai já era mais velho, acreditei que ele fosse morrer primeiro e que meu irmão ficaria sendo um "outro pai".

Ele vivia em casa, e eu o sentia exercer essa paternidade conosco, não só financeiramente — por ser policial e ajudar nas despesas —, mas existia uma ligação muito forte. De tal modo que, quando ele morreu, passei muito tempo sem ir nem ao cemitério porque não aguentava ver a tumba dele.

Depois, houve todos os desdobramentos na questão do assassinato, porque não foi uma morte por doença, mas um assassinato. Dentre tudo que ocorreu, algo, para mim, foi muito marcante. Foi quando meu avô chegou à minha casa com um grupo de homens, alguns policiais à paisana e outros que eram amigos dele, e disse ao meu pai que lavaríamos aquela morte com sangue.

O avô materno do senhor?
Exato. "Pai de criação" da minha mãe. Apesar de não ser "de sangue", era meu avô.

Mas como assim, "pai de criação"?
Minha mãe ficou órfã muito nova. E ele a criou.

Ela ficou órfã de pai e de mãe?
Sim. De mãe, aos 4, e de pai, aos 10 anos.
Então, meu avô chegou lá em casa, propondo ao meu pai que nos juntássemos ao grupo de homens. Na hora, não posso negar que, intimamente, por amar tão profundamente o meu irmão, achei a ideia justa.

No entanto, os olhos do meu pai encheram-se de lágrimas, e ele jamais consentiria com tal ideia, alegando acreditar na justiça divina e não alimentar ódio contra ninguém nem pensar em vingança. Minha mãe, naquele momento, ficou feliz por meu pai não ter aceitado. Mas não sei se, como mãe, pensava diferente.

É um dilema muito íntimo ser ferido no lugar onde mais se ama. Toda família é sagrada, não só a Sagrada Família. Mas, pensando ser algo intocável, podemos acabar desejando vingança. No entanto, hoje, vejo que meu pai fez a escolha certa!

Ligadas à morte do meu irmão, tenho duas coisas interessantes a acrescentar. Primeiro, que a morte dele foi um grande *crisol*, um momento de purificação, tanto para mim quanto para minha família [*chorando*].

Reconstruímo-nos e reforçamos a imagem de uma Igreja — uma Igreja muito próxima —, porque quem também a frequentava eram nossos vizinhos, pessoas da família, gente amiga que quer o nosso bem até hoje.

Os padres aproximaram-se muito lá de casa; minha mãe tinha ficado quase depressiva. Padre Elias e padre Severino ajudaram muito. Foi um momento em que vimos a Igreja muito presente na nossa casa. Uma Igreja verdadeira, como a dos Atos dos Apóstolos, aquela que realmente não é uma ilusão nem uma coisa passada do museu, mas a Igreja de Jesus Cristo.

Minha mãe teve de vender a casa, e meu pai, com o dinheiro, só conseguiu comprar um terreno. E, para construir a outra casa, uma pessoa da comunidade — amiga da família — ofereceu-nos sustento, dando-nos de comer. Foi um ato nobre!

Depois, o padre Elias ofereceu suas economias e convenceu meu pai a nos tirar daquela casa, sob pena de que minha mãe enlouquecesse. E, assim, Deus agiu muito por meio da Igreja, de pessoas conhecidas e de amigos.

Fomos morar em uma casa alugada, porém boa, no centro de Patos. E, então, meu pai começou a construção da casa nova, bem maior que a primeira que havíamos vendido, além de ser em um lugar melhor, perto da maternidade onde minha mãe trabalhava.

A família uniu-se mais, afirmou-se mais, cresceu mais, então eu creio que nada que acontece na vida é sem um propósito. Por isso,

Jesus diz que Deus tem ciência até de um fio de cabelo da nossa cabeça; tem ciência do efeito de acontecimentos[4].

Nada acontece sem o dedo de Deus. Foi um momento de dor, mas também de muito aprendizado para minha família.

O senhor poderia revelar o porquê do assassinato?

O assassinato do meu irmão foi no trabalho, ele ficava destacado em uma cidade muito pequena, Jericó.

Certo dia, ele e um cabo da polícia estavam jogando bola. E, então, uma pessoa chegou para lhe contar que havia alguém bagunçando, bêbado, na pensão onde ele se hospedava.

Ele correu, deixou o jogo e tomou um banho rapidamente. Ao chegar lá, foi surpreendido. Seu intuito era conversar com as pessoas, mas se tratava de alguns pistoleiros que estavam na região. Não saberia dizer o que estavam fazendo.

Esses homens estavam em uma mesa, sentados. Meu irmão aproximou-se para conversar. Certamente, chegou de forma calma, apenas perguntando o que eles, nunca vistos por ali, estavam fazendo em um local familiar, badernando e dizendo nomes indecentes. Os pistoleiros o agarraram e o mataram [*voz triste*].

Eram três ou quatro homens. O cabo assistia a tudo, da porta, pedindo calma. No entanto, os pistoleiros o ameaçaram de morte, dizendo que acabariam com toda a cidade.

O cabo conseguiu fugir. Correram a cidade inteira atrás dele, mas não o encontraram.

A forma como sua mãe relacionava-se com a religião mudou após a morte do seu irmão. Parece-me que se tornou fervorosa.

Exato. Ela não tinha a maturidade que tem hoje. Ia à igreja, levava-nos, mas tinha uma fé que muitos católicos têm atualmente, uma

---
4. Cf. Lc 12, 7.

fé misturada. A fé que admite superstição, que tem medo de passar por debaixo da escada.

Era uma pessoa que frequentava a missa, mas tinha medo de gato preto. Essa fé de cristão que diz que tem de sair da Igreja pela mesma porta que entrou.

A fé tem muitos degraus; a escada da fé é muito comprida, e minha mãe estava nos degraus lá de baixo. Não havia meios ainda para ela subir. Mas a dor, a perda, a morte do meu irmão foram uma grande purificação. Ela pôde viver uma experiência com Deus muito mais rica que aquilo que antes conhecera.

Ela chegou a frequentar a casa de pessoas ligadas ao espiritismo. No entanto, ela purificou muito a fé. Teve a graça de poder dar passos que, sozinha, não conseguiria.

Foi preciso acontecer algo desse porte para que levasse um choque grande e experimentasse o amor de Deus em uma dimensão que nunca havia experimentado. Se não fosse o amor de Deus, a devoção a Nossa Senhora e aos santos, ela teria enlouquecido. Portanto, decidimos tirá-la daquele ambiente porque, além de perdermos o irmão, corríamos o risco de perder a mãe também.

São José aceitou "desestabilizar" toda a vida familiar em favor de Maria e de Jesus. Foi o que o meu pai fez. Mesmo tendo de vender sua casa da noite para o dia, ele concordou em fazê-lo. E aceitou desestabilizar-se. A casa era uma herança do pai dele. Ainda assim, não pensou duas vezes. Eu o admiro muito. Era um São José. Não olhou para nada de valor, mas olhou para o outro; olhou-nos.

No primeiro dia do ano de 2018, o senhor perdeu um dos grandes amores de sua vida, seu pai, senhor João, homem simples — a quem tive a oportunidade conhecer — e de caráter elevado. O que aquele momento representou para o senhor?

Nós, padres, pensamos estar sempre preparados para tudo, mas não é bem assim. Com a morte de meu pai, aprendi muito. A doença dele foi mais uma faculdade que eu fiz sobre a vida.

Não esperava que aquela noite de Ano-Novo fosse a data da sua partida, mesmo que, no coração, sentisse que ele não estava bem.

Fui visitá-lo e voltei para Tavares. As pessoas chamavam-me para passar a virada de ano com elas, mas nada me alegrava. Ele era o grande tesouro da minha vida [*voz embargada*].

Era meu herói, um modelo. Fico muito emocionado quando falo isso, porque sei o pai que tive e sei o quanto a figura paterna é marcante na vida dos filhos. Eu atendo jovens todos os dias e sei a importância da paternidade para eles.

Naquela noite, após celebrar a missa, por volta das 23h, fui para a casa de uma família amiga, decidido a ir embora ao bater da meia-noite. Senti meu coração "murcho", sem vida, como uma fruta seca.

Terminado o jantar, despedi-me, dizendo que iria para casa, pois estava na expectativa de receber qualquer notícia sobre o estado de saúde do meu pai.

Já em casa, às 3h da manhã, em ponto, minha irmã me ligou, dizendo que nosso pai estava pior e que ela havia chamado os médicos. Dez minutos depois, me ligou de novo e disse que ele havia falecido [*chorando*].

Não liguei para ninguém da paróquia. Decidi ir sozinho. A tradição dos monges diz que a pessoa, após morrer, ainda escuta por quatro horas. Então fui correndo... [*pausa, chorando*] porque queria dizer algumas coisas ao ouvido do meu pai.

Minha irmã disse-me, ao telefone, que ele falava que morreria sem os filhos, em tom de lamentação. Quando cheguei, beijei seu rosto e fiquei acariciando.

Foi uma vida cheia de ensinamentos. Hoje, 19 de agosto de 2019, mais de um ano e meio após a morte de meu pai, ainda não tive coragem de ir ao cemitério. É muito forte, para mim, a questão da separação. Nós fazíamos planos de visitar alguns lugares. Ele me dizia que queria muito visitar Divino Pai Eterno e Juazeiro.

Eu esperava que ele vivesse muito mais. As comidas eram todas controladas, ele deitava para descansar logo cedo, por volta das 19h30. Apesar de estar doente, foi uma surpresa. Ele estava saindo de um AVC, mas andava, falava. Nós fizemos uma festa de Natal aqui, com a família, em que eu e padre Antônio presidimos a missa. Veio a família toda, o irmão do meu pai, os vizinhos também.

Naquele jantar, meu pai estava muito eufórico. Ele gostava muito de fazer poesia, declamou muitos versos, cantou... Foi um jantar simples, não tinha nem bebida. O grande alimento era a presença dos amigos, das pessoas a quem ele queria bem.

Ele foi o grande modelo de homem para o senhor?

Sim, para mim, foi. Meu pai era um homem que sabia escutar e tomar decisões ponderadas. Em muitas ocasiões, o vi como um grande herói, um homem com valores, verdadeiro, justo. Um grande modelo de vida cristã.

Ele nunca foi de pastoral... Gostava do terço dos homens, assistia às missas pela televisão, mas não como um mero programa. A missa era a missa, para ele. Ajoelhava-se, fazia gestos. Acompanhava as bênçãos da água e, ao fim, a bebia. Era um homem muito católico. Missa diária não era possível, mas a dominical, não perdia. Aliás, às terças, às quintas e aos domingos, ele estava na igreja rezando.

Passou por situações que nem todo pai de família teria coragem de passar... Os calos da sua mão não eram calos normais. Eram calos cheios de amor, de uma vida doada por nós; era uma camada de amor sobre a mão.

Quando ele e meu tio chegaram a Patos, tinham um trabalho "vergonhoso" para a época, que era limpar fossa. Eles limpavam juntos e manualmente. Para garantir o sustento, ele fazia todo tipo de trabalho. Era um homem sem luxos.

Ensinou-nos a não buscar uma vida de ostentação, pois o que levamos da vida são outras coisas. Sua sabedoria humana era muito forte, apesar da sua simplicidade.

Lembro-me de ver meu pai preocupando-se muito em relação a ter comida em casa. Um homem de trabalho, de compromissos, esqueceu-se de si para cuidar da gente. Minha mãe também era assim.

Dizem os estudiosos que, ao perder o pai, o homem envelhece dez anos. Não sei se isso ocorreu comigo, mas foi um deserto muito longo que atravessei. Fiquei um bom tempo, oito ou nove meses, sem muito gosto pelas coisas, meditando muito sobre o sentido da vida. Durante um ano, não comprei sequer uma meia porque não tinha motivação para isso.

O que meu coração desejava era meditar sobre o mistério dessas duas irmãs gêmeas que não se apartam: a vida e a morte. Elas são tão próximas e íntimas uma da outra... Fazemos questão de apartá-las, mas elas andam muito juntas. Na vida, o homem aprende a morrer, ao passo que, na morte, entra na vida verdadeira. Não é só um jogo de palavras. São irmãs gêmeas que vivem abraçadas.

Que belo!

A cada lembrança de uma história de meu pai, admiro-o mais. Alguém capaz do riso, do choro, da renúncia, da entrega, do abandono em Deus e capaz de abrir mão do que fosse pessoal pelo bem maior da família.

Para finalizar este capítulo... Todos nós somos, de algum modo, parciais. Somos aquilo que vivemos, ouvimos e também um pouco daqueles com quem convivemos. Quem foram os homens que o inspiraram?

Ao longo da vida, temos muitos mestres com quem nos identificamos. E eles nos transmitem experiências pelas quais já passaram, e os admiramos por terem vivenciado. Esses mestres são, portanto, ícones, janelas... Vou citar alguns.

Dentro da vida da Igreja de Patos, sempre olhei para alguns homens com certa admiração, procurando conhecê-los melhor.

Na minha vocação, padre Severino foi um grande mestre da espiritualidade. Homem que sabia muito bem unir oração e ação. Capaz de despir-se para ver alguém vestido. Um santo em vida! Talvez, por questões financeiras ou outras, não consigamos fazer o seu processo de canonização, porém não restam dúvidas de sua santidade.

Ele foi meu pai espiritual, com quem eu conversava e em cuja casa dormia, quando era seminarista. Padre Severino é o tipo de gente que jamais pagaria o mal com o mal. Recebia qualquer ofensa ou injustiça, sem revidar.

Eu percebi, e acredito que os leitores também, que padre Severino é uma grande figura espiritual. O senhor já o citou várias vezes neste capítulo. Então, ele é o seu grande mestre espiritual?

É meu grande mestre espiritual. Foi através dele que eu aprendi muito sobre a vida.

Pude contar com muitos diretores espirituais ao longo do seminário, como, por exemplo, padre Carlos Avanzi, que era o vigário geral da Arquidiocese de Olinda e Recife. Era um homem muito cheio de Deus. Fazia vigílias em oração, passava a noite meditando na Palavra, rezando.

Outros também me ajudaram, mas o grande diretor espiritual sempre foi padre Severino, que me acompanhou todo o tempo, desde o despertar da vocação, e, ainda hoje, apesar de não termos mais o mesmo contato, ainda o considero um pai espiritual.

Existiram outras figuras também, como o padre Elias, que, de alguma maneira, ajudaram-me a pensar em uma Igreja muito aberta, muito amiga dos pobres. Padre Severino já fazia isso, mas muito pelo lado caritativo, como os antigos costumavam fazer.

Ajudou-me muito o padre Elias e, depois, outros o fizeram pontualmente. Padre Paulo Cabral, a quem eu não conhecia, mas que, durante um período de crise dentro do seminário, ajudou-me bastante.

Alguns amigos tinham atitudes erradas, e, então, tive de fazer uma escolha muito dura, entre eles e os meus ideais. Abandonei os amigos. No meu coração, ficou uma mágoa muito grande, uma crise. Foi quando conheci padre Paulo Cabral.

Padre Paulo foi um paizão para mim. Quando cheguei à paróquia, perguntei-lhe o que poderia fazer para ajudar, ao que ele me respondeu que o contrário deveria ser feito, isto é, a paróquia é que deveria nos ajudar.

Ele me tirou de uma grande angústia e ampliou minha consciência. Depois, entendi que havia sido resgatado, pois recuperei o encanto pela pessoa humana, perdido desde a decepção com meus colegas no seminário.

Padre Paulo era da Arquidiocese?

Sim, da Arquidiocese. Esses seminaristas eram de Patos. Padre Paulo bebia da fonte da Renovação Carismática. Era um homem muito alegre. Havia algo de especial nele. Sem que precisasse dizer nada, levava-nos a rezar. Um dia, fomos a um retiro e ele proclamou um caminho de perdão para mim, atuando como fonte de cura pessoal.

Na minha formação, em João Pessoa, o nosso reitor, padre Luiz Antônio, marcou-me muito também com seu jeito peculiar, muito verdadeiro, a ponto de amedrontar, porém muito educado e um paizão.

Havia dias em que dispensava as cozinheiras para ele mesmo cozinhar para todos. Lembro-me de quando me chamou e me disse para escolher umas camisas. Ele ganhava muitos presentes, mas suspeitei que aquelas ele comprara. Sempre me ajudava financeiramente. Era um admirável paizão!

Como foi mesmo que ele agiu, certa vez, no aniversário do senhor?

Ele sempre foi muito polido. No dia do meu aniversário, chegou até mim, pediu licença e me deu um beijo na testa, parabenizando-

-me. Um homem que alcançou um alto patamar agir tão humildemente, parabenizando-me... Para mim, significou muito. Foi um gesto muito belo!

Luiz era muito influente, falava com maestria, porém nunca se deixou vencer pela vaidade. Certa vez, levou-me a um jantar com pessoas da Rede Globo Nordeste. Pude ver, de perto, muita gente e viver um momento bonito.

Veio de São Paulo a Recife, a pedido de Dom Mauro Morelli. Apaixonou-se pelo Nordeste... Quando os pais morreram, usou a herança para comprar uma casa por aqui. E ficou com a família e com os irmãos.

O senhor pode afirmar que ele foi mesmo convidado a ser bispo?

[*risos*] Bem, eram rumores que circulavam pelos corredores do seminário. Três vezes foi convidado para ser bispo. Na primeira ocasião, ele recebeu uma carta. Depois, o convite veio com mais explicações, apelando para a obediência, com o intuito de que ele aceitasse. Na terceira carta, novamente, vieram palavras fortes, e ele, então, respondeu pedindo que não fosse mais convidado porque não se imaginava servindo à Igreja como bispo.

Ele gostava de servir como padre, prestando, assim, serviço à Igreja. Aquilo não era uma fuga, mas um ato de humildade. Ele é um bispo sem mitra e sem anel, assim como existem muitos outros.

São homens de estatura humana e espiritual elevada; pessoas culturalmente preparadíssimas que causam impacto muito grande na Igreja, deixando rastros de dignidade por onde passam. Homens cuja palavra tem peso onde chegam e, mesmo sem abrir a boca, impactam por sua serenidade. São muito convictos de tudo.

Ele já contribuiu muito para a Igreja no Nordeste. Muitos padres já o tiveram como formador, inclusive eu. E louvo muito a Deus por isso!

2. Uma vida simples...

O senhor vem de uma família simples. Sua mãe é dona de casa e o seu pai (*in memoriam*) trabalhou como operário e agricultor. Foi preciso trabalhar, quando criança, para ajudar nas despesas de casa?

Precisei trabalhar, sim, e comecei muito cedo. Lembro-me que meu pai levava a mim e ao padre Antônio para a roça. Plantava batata e fazia carvoeira. Era um trabalho muito difícil, muito pesado. Eu ajudava no pouco que podia, pois também tinha que estudar.

Depois, comecei a perceber que não precisava ir ao sítio para ajudá-lo. Tive a ideia de catar recicláveis no lixo e vender na sucata do Geraldo, vizinho. Entregava o dinheiro todinho à minha mãe. Aos sábados, ela dava alguma quantia para eu e padre Antônio irmos ao cinema, assistirmos à sessão dos Trapalhões ou de Bruce Lee.

Quando voltávamos, parávamos no senhor Nezinho, que vendia um refresco famoso. Vinha dentro de uma garrafinha de vidro. Eu não sei como era feito aquilo. Encontrávamos alegria nas pequenas coisas.

Durante a semana, comíamos o que tivesse, mas, aos domingos, tínhamos o costume de comer "melhorzinho". Era o dia da família, da missa, de se vestir melhor. E era um dia também muito especial, porque não se trabalhava nem se estudava.

Naquele dia, convivia-se em família. Era outro tempo. Não procurávamos "correr da família", não! Era um tempo de estar em casa, de sorrir, de bater papo, de arengar. Ter essa experiência que é tão importante.

No domingo à tarde, minha mãe tinha um costume muito interessante para nos agradar. Ela era pobre, mas sabia viver. Comprava um quilo de massa de trigo e fazia uns pasteizinhos em casa. Ela nos via comprar fora, mas não sabia fazer igual.

Não era como o pastel dos ricos, mas também tínhamos o nosso. Era a tarde do pastel. E o belo de tudo era que entrávamos na construção da coisa também. Uma parte dos salgadinhos éramos nós que fazíamos. Mesmo crianças, ajudávamos a cortar a massa feita por ela.

Depois, vi que o lixo não era um dos melhores lugares. Eu podia levar uma "estrepada" em um ferro, por exemplo. Então encontrei uma senhora que fazia picolé de saquinho, que se chamava "bolsinha". Comecei a vendê-lo na feira.

Logo cedo, ia ao mercado com um isopor cheio deles. Levava o que cabia e o que o meu tamanho me permitia levar, porque eu era pequeno. Vendia pastel, tapioca e, assim, ajudávamos em casa.

Eu dava a minha mãe o que ganhava. Depois, comecei a não pedir mais aquele dinheiro para ir ao cinema, pois tinha meu miaeirozinho[5]. Noventa por cento do que eu ganhava, entregava a ela, mas os outros dez por cento colocava no miaeiro, e ela sabia disso. Não era uma atitude egoísta.

Aprendi o valor do trabalho muito cedo. Certa vez, cheguei ao lixo, e havia um catador que era bem abusado. Ele era deficiente, andava "puxando" a perna, a qual era praticamente solta. Era possível que ele a pegasse na mão, como se fosse nos agredir com a própria perna, fazendo dela um tacape.

Naquele dia, advertiu-nos que ninguém mexesse no lixo, que era somente dele. Até por isso brigava-se. Eu sempre fui muito tranquilo! Se não me cabe aqui, então vou para outro lugar. Ter de me refazer nunca foi problema!

---

5. Pequeno cofre para guardar moedas.

O senhor chegou a trabalhar com frutas, catando-as. Como era?

Foi aquela fase que eu lhe falei. Catávamos na feira. Durante a semana, às vezes, passávamos um "couro" medonho. Ou seja, passávamos aperto! Por isso, saíamos, de manhã, eu e padre Antônio, com um saquinho, para catar as frutas podres da feira. Aquelas que estavam caídas ao chão, que ninguém queria, que não seriam vendidas. Frutas podres, tomates podres...

Quando chegávamos a casa, fazíamos a "operação" dessas frutas. Cortávamos com uma faca o que prestava, e o que não prestava, jogávamos fora. Sobre isso, houve uma cena muito interessante. Um dia, eu estava com um saquinho, catando, quando encontrei um mendigo no meio do mercado. Ele olhou para mim e disse: "O dia, hoje, está ruim, não é, colega?". Ele pensava que eu era mendigo também [*risos*]. Mas eu não era. Estava catando coisas!

A vida ali era muito cheia de surpresas. Aquele ambiente ajudou-me muito a amadurecer na "marra". Lá, as pessoas circulavam com faca, normalmente. Não sei como é hoje! Então, às vezes, havia uma briga, e só se ouviam os gritos: "Fulano esfaqueou beltrano!". Você já não ia para aquele lado.

O mercado era um lugar de tumulto. Às vezes, eu estava procurando uma fruta, daí passava um menino correndo e muitas pessoas correndo atrás, gritando: "Pega ladrão!". Era um espaço muito interessante, tinha de tudo!

Os banheiros eram uma podridão! Havia pessoas doentes, que urinavam sangue. Então, desde pequeno, tive ciência da realidade cruel do mundo. Pessoas esfaqueando as outras, enfermos, frequentadores de cabaré.

Foi bom, para mim, porque fui obrigado a amadurecer muito cedo, porém nunca perdi o senso de humor. Brincava, sorria, nunca deixei de ser criança.

As frutas podres por fora e saborosas por dentro ensinaram-lhe algo?

Sim! Nem tudo é totalmente podridão! Isso me ajudou a ler a vida, porque é possível salvar uma fruta aparentemente podre, jogada ao pé de uma banca, para depois ser recolhida com uma vassoura e jogada fora. De repente, você passa a ver que ali tem um pedacinho bom. Isso o faz enxergar que aquelas pessoas marginalizadas pela sociedade são feitas também por uma parte que não apodreceu. Esse ensinamento me serviu muito depois, na Pastoral Carcerária, porque pude ver, por detrás das grades, muita gente boa que estava lá por uma circunstância da vida.

Uma vez, um velhinho de 60 anos, no presídio, agarrou-me pelos braços e começou a chorar. Disse assim: "Padre, eu sou um homem de bem! Estou aqui por uma grande loucura que fiz. Eu tinha um vizinho terrível, que me achacava noite e dia. Tomei coragem e o esfaqueei, tirando sua vida. Defendi minha casa e minha honra, e estou aqui". Então, por trás daquelas grades, vi muita gente que não era totalmente podre, que a sociedade considerou assim e jogou à margem da banca, mas eu pude reler a história.

Portanto, é possível até fazer uma leitura da fé. A pedra que os pedreiros desprezaram tornou-se a pedra angular. A fruta que a sociedade desprezou, para nós, tornou-se bênção. Era a comida da nossa mesa. Aquilo que não servia para os ricos ou para quem ia comprar tornou-se nossa pedra angular, única fonte de vitamina, de nutrientes. Não servia para os outros, mas nos servia, e era motivo de festa.

Uma vez, o meu irmão mais velho estava pegando balaio e ajudou um comerciante, que deu para ele mais de cinquenta bananas podres, as quais não serviam mais para serem comercializadas.

Quando meu irmão chegou em casa com o saco de banana e o jogou na cozinha, não ficou nem uma para contar a história [*riso*]. Imediatamente, elas foram para a "mesa de cirurgia" e, logo em seguida, para o estômago.

Falando de vida simples, recordo-me de que usávamos um chinelo preto até que o nosso calcanhar acabasse com ele e pisássemos no chão. E, quando a correia rompia, imediatamente colocávamos um prego, para não precisarmos comprar outra.

Uma vez, na escola, lembro-me de uma cena engraçada. Ia entrando quando minha sandália se desfez, e eu não tinha um prego. Para não entrar na sala com um pé calçado e outro descalço, eu entrei "puxando" uma perna para a sandália poder acompanhar. Ouvi quando duas professoras disseram: "Coitado, tão novo e já com problema de locomoção. E tão esforçado, vindo para a escola!". Não me conheciam, né? [*risada vigorosa*]

Nós fazíamos da tragédia um motivo para rir porque, senão, a vida tornava-se muito pesada. Aprender a rir dos próprios limites, dos defeitos e até dos problemas da vida é algo que nos faz escapar. Por isso, o próprio Euclides da Cunha diz que "o sertanejo é, antes de tudo, um forte".

Fazíamos, por exemplo, do impensado, um brinquedo. Pegávamos vários sacos plásticos no lixo, colocávamos dentro de um saco mais grosso e fazíamos uma bola de plástico. Pegávamos uma meia velha, que ninguém queria mais, enchíamos de qualquer coisa e fazíamos outra bola para brincarmos de matada. Pegávamos um pedaço de pau no mato, montávamos em cima e fazíamos dele um cavalo. Vivíamos da nossa criatividade, porque não havia como comprar brinquedos.

Alimentávamos o lado lúdico, a beleza da infância, com brincadeiras assim, muito simples. Cortávamos, simplesmente, um pneu ao meio, furávamos um buraco em cada uma das metades, colocávamos uma corda e fazíamos um "cocho". Uma criança ia dentro dele, geralmente a mais nova, divertindo-se, mas também se dando mal, pois o "cocho" virava [*risos*]. Quem ia na frente puxava a corda, e quem ia no "cocho" tinha a graça de andar nele.

O senhor chegou a cair do "cocho"?

Cheguei a cair e a derrubar os outros também [*risos*]! Andar em um "cocho" era andar em um carro chique.

O humor é um remédio.

O humor é um grande remédio, trata a alma; quando não cura, alivia. Não podemos nos esquecer dele.

O senhor, desde criança, mostrou-se muito reflexivo e introspectivo. Por exemplo, ao falar da fruta, revelou toda uma filosofia por trás daquilo. De fato, essas sempre foram características suas?

Existe um ditado que diz assim: "O espinho, quando tem que furar, de novo já traz a ponta". Então, acho que, desde pequenos, vemos as coisas com um certo nível de reflexão, mas, ao ficarmos mais maduros, podemos enxergar tudo com mais profundidade.

Eu sempre procurei refletir. Ao ver meus colegas usando drogas, dava preferência ao conselho de meus pais para que ficasse longe disso. Alguns deles morreram em confronto com a polícia; alguns mataram-se uns aos outros.

Sempre tivemos um senso muito belo da vida, de que havia o certo e o errado. A nós, não cabia nunca trocar o errado pelo certo, imaginando sermos "sabidos".

Os antigos diziam que existe o sábio, o sabido e o sabedor. Eu acho que a sabedoria deve ser procurada por cada um de nós. Porém, ser sabido significa procurar sabedoria em tudo, mesmo passando por cima dos outros. Nunca adotei essa conduta, a chamada "filosofia da vantagem".

Tudo o que tivemos foi com muito esforço. Se você comeu, foi porque acordou cedo, como um índio que sai para a caça. Se não for caçar, não come. É preciso acordar cedo mesmo e ir à rua catar a fruta podre porque, do contrário, outro vai e cata antes de você. Então, sair como índio para prover o alimento do dia dá uma visão muito diferente da vida. É diferente de acordar ao meio-dia, como muitos jovens fazem, e a comida já estar pronta pela mamãe.

Inclusive, Leandro Karnal, que tem uma carreira acadêmica muito extensa, disse que o seu maior desejo é a sabedoria ao chegar ao final da vida. A intelectualidade é superada pela sabedoria. A sabedoria é algo difícil, não é, padre?

Exato! A sabedoria é adquirida lentamente, com o passar do tempo. É um tesouro que se acumula aos poucos, que se vai juntando à medida que você a procura. Jesus diz muito claramente no Evangelho: "A quem tem, será dado. A quem não tem, até o pouco que tem será tirado"[6]. Significa dizer que, quanto mais você buscar a sabedoria, mais você a terá.

Por outro lado, se você virar as costas para ela, ela também não o procurará. Você viverá e morrerá estupidamente. Como se diz no sertão: "Vai viver como um louco e vai morrer como um louco".

Ser sábio, eu acredito que seria ter a capacidade de ler a vida e os seus acontecimentos, a partir de algumas chaves de leitura do humanismo, do Cristianismo, da fé. Sem elas, você não consegue.

Não se pode, simplesmente, pedir ou esperar sabedoria de um adolescente. Ele não terá. No máximo, poderá ter um espírito de acuidade, saber escutar, aprender com facilidade, mas não espere sabedoria dele. Às vezes, uma mãe diz: "Padre, eu estou muito triste, porque minha filha fez uma loucura". Eu logo digo: "Minha querida, você quando era jovem não fez nesse nível, mas em outros níveis".

Eu estava lembrando, por exemplo, que meus pais me pediram, em uma Semana Santa, que eu não saísse de casa. Porém, alguns colegas chamaram-me para olhar o açude. Eu fui!

Quando cheguei, só não apanhei porque era Sexta-Feira da Paixão, e os pais não batiam nos filhos. Não fiz nada de mais, só fui olhar o

---

6. Cf. Mt 25, 29.

açude, mas, naquela época, era diferente. Eram as loucuras do passado que não têm nada a ver com as loucuras de hoje. As loucuras de hoje são perversas. É alguém que se corta, por causa da história da "baleia azul"; é outro que tira uma foto nu e posta na internet, depois se arrepende e cai em depressão; é uma pessoa que vende ou leiloa a sua virgindade.

Enfim, as loucuras do tempo moderno são outras. Então, desde pequenos, nossos pais nos instruíam: "Procurem viver com sabedoria!", "estudem!", "tenham cuidado com as companhias!", "não procurem fazer nada de que possam se arrepender depois!".

Eu queria aproveitar e abrir um parêntese aqui, para dizer que, sempre que converso com jovens, falo dos quatro pilares para conseguir a construção da casa da sabedoria. O primeiro pilar é a *família*, à qual valorizo muito. Se não tivermos uma estrutura familiar legal, dificilmente iremos a algum lugar. Nós dependemos mais da família do que pensamos.

O segundo pilar é a *vida espiritual*, a vida com Deus. Sem o temor a Deus, você se torna fera. Santa Catarina de Sena diz que o homem que não reza lentamente se torna fera e, mais adiante, morada de demônios. Eu acredito muito nisso! Hoje, ou nos rendemos à vida de oração, ou não iremos a lugar nenhum.

O terceiro pilar são *os amigos*. Há pessoas com quem você não escolhe conviver, como colegas de turma da escola; mas há outras que você escolhe, como amizades e amores. Então, aqueles que você pode escolher, escolha bem. Dessas escolhas, virá sua felicidade. Andar com gente ruim é pedir para tropeçar.

O quarto pilar é o *estudo*. Eu sempre peço para os jovens estudarem, lerem, terem curiosidade. Acho que essas eram lições que meus pais me transmitiam, não com essa sistematização que faço hoje, com os jovens, em palestras; mas eles me diziam todos os dias tais ensinamentos.

Meus pais eram pobres, mas eram uma fonte de água muito limpa, muito pura, então cada um é resultado da família da qual nasceu, do convívio dos pais, dos irmãos. Eu uso essas palavras com muita misericórdia, com muito respeito à experiência de vida deles. E alguns não tiveram a oportunidade de ter a família que eu tive, com pais bons, dóceis.

Mesmo os jovens de hoje não passando por essas realidades todas, aqueles com quem o senhor tem contato, seus paroquianos, por exemplo, podem ser felizes?

Sim. Acredito que a felicidade é uma construção. Eu diria algumas coisas sobre ela. Primeiro, imagino a felicidade como a construção de um grande prédio. Ninguém é feliz da noite para o dia. Não é um passe de mágica, que você anoiteceu triste e acordou feliz. Não é assim!

Na construção, a primeira coisa que você vai fazer é escolher bem o seu terreno, porém muitos querem construir a felicidade em terrenos que não dão certo. Construir no mangue, em uma terra muito cheia de lama. Às vezes, investimos em situações, em coisas e em pessoas que não nos levarão à felicidade. Temos que ter esse entendimento.

A segunda coisa é limpar bem o terreno, seja para construir, seja para plantar. Limpar bem, ter sempre o cuidado de todos os dias recolher os cacos, aquilo que sabemos que, mais cedo ou mais tarde, atrapalhará a nossa felicidade. Ter a humildade de todos os dias catar, minuciosamente, aquilo que não está combinando com o roteiro de vida que você escolheu. Depois, se você vai plantar, precisa colher as sementes boas.

Essa semana, um senhor me disse: "Padre, eu plantei de qualquer jeito, por isso, hoje, na minha velhice, estou colhendo o que plantei". Então perguntei: "O que o senhor plantou?". Ele respondeu: "Nem eu sei o que eu plantei!". Isso é muito grave. Chegar à idade da velhice, alguém lhe fazer uma pergunta como essa, e você responder isso. Quer dizer, essa pessoa passou a vida andando em círculos.

Depois dessa questão de escolher o terreno para plantar ou para construir, é preciso escolher a semente. Se for construção, precisa de material. É como ter uma planta! Ter uma planta para uma casa significa ter um objetivo na vida e viver por ele. Ontem, um jovem disse-me: "Padre, uma pessoa me fez a seguinte pergunta — 'Se fosse o dia da sua ordenação e aparecesse alguém que lhe oferecesse um prêmio, uma grande vantagem, muito dinheiro ou uma passagem para o exterior para assistir a um show da banda de que mais gosta, você renunciaria à sua ordenação?'" [risos]. Ele me fez a pergunta, mas já sabia a resposta, e eu também.

Então eu falei: "Há coisas na vida, meu caro, que são irrenunciáveis. Uma delas é o projeto de vida que escolhemos e abraçamos". Não há casa sem projeto. E, no projeto, tem de haver duas coisas: a estrutura, que é o que vai dar sustentabilidade, que é a parte de ferro, de colunas, alicerce; e a segunda coisa de qualquer construção, seja de amizade, de vida financeira, de felicidade, de um modo geral, que é a participação de um arquiteto que pense na beleza. Como diria Dostoiévski, "A beleza salvará o mundo".

A beleza das coisas é algo que não pode ser desprezado. Inclusive, no grego, quando se diz "belo", traduz-se também como virtuoso. Não desprezar em uma casa a beleza, a leveza, pois toda casa tem que ter muitas janelas e portas para passar o ar, porque é ele que dá leveza ao ambiente e claridade.

A pior coisa do mundo é construir algo no escuro. A construção faz-se durante o claro do dia. Há de se construir no claro e com estruturas que funcionarão com claridade.

O Papa Bento XVI dizia que o sofrimento é o que dá maturidade às pessoas. Então, o que o senhor diria para um pai ou para uma mãe que evita, às vezes até de forma exacerbada, que a criança, o jovem ou o adolescente tenha uma experiência de sofrimento?

A superproteção é perigosa. Mimar demais os filhos é perigoso! É preciso cair, arranhar-se. O erro faz parte do crescimento.

O sofrimento gera maturidade. Ele é como um elevador que pode levar a vários andares. Um deles é a revolta, pois muitos assim reagem ao sofrimento. Outros podem também decair, entrar em depressão e pronto. Ou a pessoa pode agir, de modo a transfigurar o sofrimento. E eu creio muito nessa transfiguração.

É preciso aprender a tirar lições dos sofrimentos. Nenhuma dor acontece por acaso. Em tudo, há uma lição a ser aprendida. Quando você se revolta com seu sofrimento, é porque não entendeu nada sobre ele e não colheu nada de útil dele.

Há muitas lições a serem tiradas deles. Às vezes, por imaturidade, você só colhe dor e sofrimento, quando existia uma caixa de fruta para ser colhida daquele sofrimento. Ou duas caixas, ou um caminhão inteiro. Você só tirou uma frutinha, mas poderia ter tirado todas as lições.

Portanto, o sofrimento precisa ser desfrutado. É um pouco esquisita essa frase, mas é algo a ser saboreado porque, nele, há também uma docilidade de Deus. É um amargo que tem doçura, que faz bem porque amadurece a pessoa.

Livros ajudam a amadurecer? Ajudam! Palestras também ajudam, viagens, convívios, mas o nosso sofrimento ajuda muito mais. Sobretudo se a pessoa tiver humildade e capacidade de ler o sofrimento à luz da Cruz de Cristo, que é a grande chave de leitura para todo o sofrimento humano.

Sem essa chave de leitura, você ficará com o sofrimento na mão. Estará segurando uma brasa quente, sem saber o que fazer, e cairá em desespero.

Citando o doutor angélico,[7] o qual disse ter aprendido mais olhando para a Cruz do que em todos os livros do mundo, o que o senhor aprendeu contemplando o Santo Madeiro?

---

7. Santo Tomás de Aquino, que viveu no século XIII e foi proclamado doutor da Igreja em 1568, pelo Papa Pio V.

A Cruz ensina muito! Por exemplo, quando fui a Roma, aprendi com os sofrimentos pelos quais passei! A Cruz não é só sofrimento, é a exigência do amor ao extremo.

Por exemplo, na obediência à Igreja, que é algo muito difícil, como padre, aprendemos muito! A obediência levou-me a lugares aonde eu não queria ir. Mas, por obediência, eu fui. Posso dizer que aprendi muito quando obedeci à Igreja, mesmo quando não concordava com ela. Parece paradoxal, mas a obediência ensinou-me muito.

Aprendi muito também na época em que estive doente. Estava no seminário e fui submetido a uma cirurgia na coluna. Padre Antônio, meu irmão, não era seminarista. Ele havia tirado férias do trabalho e foi para lá cuidar de mim. Naquela época, então, eu, que era jovem, de repente precisei de alguém para ser conduzido até o banheiro, para tomar banho. Isso foi muito pesado para mim. Portanto, do sofrimento podemos tirar lições fortíssimas. Ele é como o mel de abelha. Nós só o tiramos se tivermos coragem de nos arriscar. Assim é a nossa vida!

Eu passei por alguns bocados. Fui assaltado duas vezes. Em uma delas, eu ia a um curso de especialização em liturgia, em Fortaleza. Estava levando o dinheiro para hospedagem e outras despesas. Colocaram uma arma na minha cabeça. Aquilo me ensinou muito porque, naquele momento, eu pensei que morreria.

Em outro momento, em São Paulo, roubaram todo o meu dinheiro de hospedagem e gastos de viagem. Eu ia a um encontro da Renovação Carismática e fui roubado dentro do metrô. Aprendi muito com aquele momento também!

Outro momento de sofrimento foi quando eu era seminarista e lavei minha roupa toda de uma vez só. Não se deve fazer isso no seminário. Nem em momento algum. À noite, vieram alguns rapazes com uns sacos de estopa e levaram toda a minha roupa. No outro dia, eu só tinha as vestimentas do corpo. E agora? Então, há situações na vida em que aprendemos muito.

Nesse assalto de São Paulo, por exemplo, aconteceu uma graça. Eu não esbravejei, não fiquei triste, sou muito tranquilo com a vida. Hospedei-me na casa de amigos, depois, quando voltei, eu disse: "Senhor, quem pegou precisava mais do que eu. Então, Deus abençoe! Mas, Senhor, eu precisava desse dinheiro, e eu acho que vai me dar em dobro. Só pode ser!".

Eu era diácono, estava nas vésperas da ordenação. Então, quando cheguei a Patos, fui à casa de Dom Gerardo, que era o nosso bispo, e me ligou uma freira alemã, a qual era muito minha amiga e me tinha como afilhado. Ela morreu ano passado, uma grande amiga, irmã Veneranda, deu a vida por este Nordeste, trabalhou muito aqui no lixão do Roger, em João Pessoa.

Ela me disse: "Fábio, eu tenho um dinheiro para dar a você. Não é nenhuma fortuna, mas é para te ajudar na ordenação. Está em moeda alemã, mas eu vou trocar e passo". Eu havia sido assaltado, à época, com um valor xis, mas, quando a irmã trocou, deu justamente o dobro desse valor. O dobro com alguns centavinhos a mais. E foi o que eu tinha dito a Deus no caminho de volta, no avião: "Senhor, eu não esbravejo nem culpo ninguém. Quem me roubou precisava. Mas eu preciso desse dinheiro porque vou ser ordenado, então dê-me o dobro". E, dois dias depois, acontece isso. Só posso tomar como milagre.

O senhor iniciou este capítulo falando da simplicidade de sua casa, de sua família, da sua infância. É mais difícil para um rico corresponder ao chamado do Senhor?

Quando o Evangelho fala de rico, é daquela pessoa que se encheu de si mesmo, a ponto de não conseguir enxergar a vida de maneira tranquila, simples. Não consegue desapegar-se. Há muitas pessoas que têm muito dinheiro, mas têm outras riquezas. Como dizia Madre Teresa: "Quem só tem dinheiro é pobre". Dinheiro não é riqueza.

A riqueza mesmo da vida é outra. É sentir-se amado, acolhido, ter uma família para amar, ter saúde, que é uma riqueza grande; é ser considerado pelas pessoas, ter bom nome, boa fama. Isso são riquezas! Então, esse era o chamado de Cristo àquele jovem rico. Ele tinha dinheiro, posses, mas era um menino fechado em si mesmo.

Às vezes, a nossa riqueza pode ser também uma questão de doutrina, entendendo a salvação como condicionada a um modo de ser. No entanto, chega alguém e fala de Deus de outro modo, de misericórdia, mas você não quer ceder, então torna-se uma pessoa tão amarga, mesmo se dizendo cristão, catequista e pregador do Evangelho, que deixa um rastro de amargura, de sofrimento, de dor por onde passa.

Mesmo dizendo que está seguindo ou servindo a Cristo, não está. Você está servindo aos seus próprios propósitos e à sua imagem míope de Deus, da Igreja, do Evangelho. Você encontrou outra coisa, menos Cristo.

Eu ampliaria essa reflexão dizendo que, quanto mais somos apegados, mais temos dificuldade de servi-Lo. Não tem nada a ver com ter posses ou não, mas com outros apegos: à família, ao pai e à mãe, à imagem pessoal, a isso ou àquilo.

Quando alguém perguntou ao grande psicólogo Pierre Weil qual é a principal fonte dos dramas e sofrimentos da raça humana, ele respondeu: "Sem dúvida, o apego". Aonde o apego vai, o medo o persegue. São irmãos gêmeos.

Às vezes, a pessoa constrói um muro em torno de algo que diz ser um tesouro e, na verdade, não vale nada, mas, para ela, é tudo.

Nesse sentido, o serviço a Cristo é filho do desapego. Quem é apegado não vai ter facilidade para segui-Lo. Na verdade, a nada, a nenhum ideal. Nem mesmo a morrer. Digo isto porque, como padre, tenho sido também "parteiro da morte".

Quando trabalhei na Paróquia de Fátima, vizinha ao hospital, fui ajudar muita gente a fazer esse "parto" do tempo para a eternidade. E a maioria dos partos difíceis era de pessoas apegadas. Apegadas a uma ideia. Por exemplo, uma teve uma briga em família e se achava cheia da razão, dizia que não ia perdoar porque tinha razão. Ela estava tão agarrada a isso que a falta de perdão dela gerava uma dificuldade até de morrer. Parece estranho, mas é verdade. Até a morte torna-se complicada para quem é apegado às suas razões, a essa vida, às coisas.

Eu vivi uma infância de pobreza, mas sei viver, como diria o apóstolo Paulo, "na penúria e na fartura"[8]. Se tiver, eu como; se não tiver, não como. Quem anda comigo sabe quantas vezes eu janto no carro, saindo de um lugar para outro. Termina uma missa, uma família convida-me para jantar, e eu peço para colocar umas frutas em uma sacola para ir comendo no caminho para não perder tempo.

Cada um vive como acha que deve viver, mas, para mim, a prioridade é que eu não atrase a outra missa, deixando muita gente esperando. Às vezes, até troco de roupa dentro do carro. Mudo a camisa, se estiver muito suado. É simplicidade! Se formos complicar e burocratizar a vida, ela se tornará pesada. E ela é para ser leve. A vida é um poema, é uma música.

Eu concluiria perguntando: o senhor considera que, hoje, leva a vida de uma maneira leve?

Eu procuro. Não vou dizer que sou uma pessoa leve, mas procuro levar a vida sem muito gibão. Acho que, quando usamos armadura demais, empobrecemos a vida da gente e a dos outros.

Se estou alegre, vou sorrir. Se estou triste, também choro. Se for para chorar na frente da comunidade, não vejo problema nenhum. No Dia do Padre mesmo (4 de agosto), eu terminei a homilia e chorei bastante.

Eu acho que a vida leve é aquela em que abrimos o coração e vivemos o que tem de ser vivido, na simplicidade, na confiança e no abandono em Deus. Nesta grande jornada na qual nós somos peregrinos, Deus é o centro de tudo, então por que vou ter medo de viver a vida com simplicidade, se é nela que eu encontro a verdadeira felicidade? Eu tenho dó de mim mesmo, das vezes em que quis "engessar" minha vida ou quis viver agarrado a falsas seguranças.

---

8. Cf. Fil 4, 12.

3. Um caminho exigente...

Aos 14 anos, o senhor ingressou no seminário. Por ser tão novo, houve alguém que não concordasse com a sua entrada?

O período de seminário foi, de fato, um tempo de semeadura, em que Deus esperava de mim uma boa colheita, a serviço do povo, através do meu ministério.

Recordo-me de que sempre tive muito amor ao seminário, tanto que minha vontade era abraçar e beijar as paredes, porque aquele lugar representava muito para mim. Ali, aprendi muito sobre a vida, sobre Deus, sobre o ser humano.

Aos 14 anos, entrei no seminário, no mês de janeiro. Era muito jovem, por isso não tive algumas experiências de vida. Naquele tempo, não havia as experiências prematuras de hoje, seja no campo afetivo ou sexual. Era inexperiente, ingênuo, romântico com meus pensamentos sobre a Igreja e sobre o clero. Um sonhador, uma pessoa cheia de esperança e de projetos. Não imaginava que o meu ministério pudesse salvar a Igreja [*risos*]. Mas queria dar a minha contribuição.

Um dos grandes desafios foi a saudade, pois, além de ser muito jovem, eu era muito apegado à família. Recordo-me de uma cena em que minha mãe foi ao seminário e começou a chorar muito, e eu lhe disse: "Mãe, se a senhora vier de novo chorar aqui, prefiro que não venha, porque também sofro muito de saudade de casa, dos irmãos, do convívio".

Eu digo que o seminário é uma casa artificial, com irmãos que não são de sangue, com o pai que não é o seu — o reitor — e com ausência muito forte da figura feminina, da mãe e das irmãs. É um ambiente muito masculino. No entanto, foi uma experiência muito bela. Vivi três anos no seminário menor[9], em Patos. Durante esse tempo, aprendi muito sobre a vida na convivência. Tive três reitores também porque, à época, o bispo estava procurando um padre que se identificasse com a formação, então ele resolveu testar, e Dom Gerardo era muito prático, fez o teste com cinco padres.

O seminário menor ajudou-me muito. Primeiro, a ter disciplina. Creio que é algo que levamos para o resto da vida, sendo padre ou não. Ter hora certa para acordar, tomar banho, comer, trabalhar. Tudo era bem determinado e fixado. Nas primeiras semanas do seminário, éramos orientados pelo padre Severino — diretor espiritual que morava no seminário — a fazer o que chamamos de "regulamento de vida" que, hoje, está em alta, por causa da figura do *coaching*.

O regulamento de vida consiste em colocar, em uma folha, todos os seus horários do dia, desde o acordar até o anoitecer, incluindo as dimensões mais importantes da vida.

No seminário maior, existiam as chamadas dimensões. E cada uma delas era muito bem trabalhada por um padre formador. Na dimensão humano-afetiva, havia um responsável por cuidar do acompanhamento, da elaboração de apostilas, de encontros, palestras e da formação nessa área.

Havia também a dimensão da espiritualidade, bastante valorizada, e a dimensão pastoral, chamada de eixo integrador, a qual formava a figura do padre a partir do Cristo, o Bom Pastor. Quando eu cheguei ao seminário maior, recordo-me de que era discípulo de padre Se-

---

9. Local onde se realizam os primeiros anos da formação dos jovens que se preparam para receber a ordenação presbiteral.

verino, um homem de muita espiritualidade. Eu carregava o desejo de santidade que passava por uma vida de oração muito profunda, na medida do possível. Isso era tão forte em mim que, ao chegar ao seminário maior, fui convidado a ajudar na dimensão espiritual. Fui eleito por três anos consecutivos como representante da turma na dimensão espiritual.

Voltemos ao seminário menor; como disse, a disciplina era algo muito forte. Também a questão intelectual era uma grande exigência. Eu vi colegas desistirem e sofrerem muito porque não conseguiam tirar notas suficientes, e o científico era feito no seminário menor, então tínhamos que ter bom desempenho.

Dom Gerardo reunia-nos com frequência, olhava as notas, recebia os boletins. Ele era muito preocupado com essa dimensão do saber intelectual dos padres. Dava-nos dois conselhos muito práticos. O primeiro era ter juízo e vergonha; juízo no sentido de ter sabedoria, e vergonha no sentido de buscar ser coerente com aquilo que se abraça. Outro conselho era para nunca confundirmos os babados com bicos, quer dizer, nunca confundirmos o essencial na vida cristã com aquilo que é só enfeite.

O seminário marcou-me com essas características todas, mas também com um convívio fraterno entre os seminaristas dessa diocese e os da Diocese de Afogados, que faziam seminário menor conosco. Naquela época, tínhamos uma abertura pastoral muito grande para ajudar nas comunidades, de modo que vivi uma experiência muito positiva no seminário menor.

Sendo assim, houve, sim, quem não concordasse com meu ingresso. Não foi fácil porque, quando somos muito novos, as pessoas não confiam que a nossa decisão seja tomada com profundidade. Então, houve dificuldade no começo, mas padre Severino ajudou-me muito. Ele confiava bastante na minha vocação e, como era da equipe de formação, mesmo havendo alguém que não concordasse com minha entrada no seminário, fez todo esforço para que eu entrasse e, de fato, desse certo.

O que os seus pais disseram quando o senhor afirmou querer ir para o seminário?

Meus pais, evidentemente, já me viam, como criança, brincando de ser padre. Já imaginavam que, mais cedo ou mais tarde, eu diria algo sobre isso, mas não sei se esperavam que, de fato, eu tomasse a decisão.

Meu pai tinha medo de que eu não conseguisse, porque diziam que seminário era lugar em que se gastava muito, e ele não tinha condição de dar o que eu precisava. Mas ele e minha mãe deram-me todo o apoio.

Lembro, como se fosse hoje, do meu pai levando-me para o seminário em uma bicicleta velha. Eu não tinha muita coisa. A comunidade Nossa Senhora do Perpétuo Socorro fez uma campanha e me deu o enxoval do seminário: roupa de cama, um travesseiro, uma Bíblia de Jerusalém, também uma lista de coisas que o seminário queria que levássemos. O povo fez, com muito prazer, uma campanha que resultou em nada mais que uma malinha de roupas.

No seminário maior, também tive dificuldade para ser aceito. Eu fiz o vestibular, fiquei em segundo lugar, mas os formadores falaram que eu era menor de idade e não poderia entrar. Porém o reitor Luiz Antônio, muito coerente e lúcido, disse que, se o bispo havia me mandado, era para confiar e acatar. Assim, acolheram-me, mesmo eu tendo 17 anos, embora estivesse próximo de completar 18 anos.

O senhor chegou a ter alguma experiência de namoro antes de entrar no seminário?

Algumas pessoas dizem que essa experiência de namoro é essencial para ser padre. Eu não diria o mesmo, porque há grandes bispos e padres que entraram no seminário aos 11, 12 anos e conseguiram ter uma vida afetiva equilibrada. Como entrei no seminário aos 14 anos, minhas experiências nesse campo foram muito superficiais. Houve alguma paquera, mas nada com uma dimensão afetiva mais forte, só coisas normais de escola. Tive uma vizinha com quem ia para o colégio e com a qual dividia a carteira escolar e o lanche. Éramos próximos, mas não passava de uma boa amizade de criança. No entanto, a vizinhança nos observava como "namoradinhos" e dizia que casaríamos.

Depois, já no seminário menor, recordo-me de sentir o coração aquecer-se com coisas do tipo: uma menina que chamava atenção porque era bonita ou se arrumava bem, ou porque se destacava na escola com boas notas... Então, houve alguma paquera, no sentido platônico [*risos*], mas não passou disso. Não me lamento nem me angustio, porque aprendi muito no seminário sobre a questão afetiva, não só com leituras, mas, sobretudo, com a vida espiritual, com a vida dos santos.

Essa questão humano-afetiva nunca é resolvida no ser humano. Os antigos dizem que Baco nunca morre dentro do homem. Ele é a figura da mitologia greco-romana que representa o desejo, o qual precisa ser canalizado e, antes de tudo, conhecido. O que desejamos? A quem desejamos? E, após ser conhecido, precisa ser cuidado e tratado, não como uma doença, mas como parte integrante da vida.

Após três anos no seminário menor, fui para o seminário maior estudar filosofia. O grande desafio era o medo que eu tinha dessa ciência, pois as pessoas diziam que ela podia fazer com que eu perdesse a fé. No entanto, sempre tirei notas muito boas, nove ou dez porque, mesmo temendo-a, dedicava-me ao seu estudo. Fiz o que pude para ser um bom aluno.

Outro ponto desafiador era a numerosa quantidade de seminaristas para poucos formadores. Padecíamos de um seminário maior, com acompanhamento mais próximo, porém era uma experiência muito boa e enriquecedora. Houve uma época em que eu morava em um seminário com mais de 180 seminaristas e formadores de alto nível, como, por exemplo, padre Claudio Sartori, muito conhecido por ser um homem de uma cabeça fabulosa, e o próprio Luiz Antônio.

Quais os grandes desafios do seminário?

Um deles era a questão da saudade permanente de casa; o outro era a questão financeira. Não era fácil manter o seminário. Embora houvesse comida e aconchego, necessitávamos de livros e de outros itens para fins de estudo.

Com relação aos amigos do seminário, tive alguns marcantes. No entanto, houve momentos em que foi preciso decidir, por diversas razões, entre manter as amizades ou me distanciar e continuar fiel aos meus ideais. Entretanto, até hoje, mantenho boas amizades daquela época.

Podemos falar também do seminário em "sombras e luzes". As sombras são os momentos de angústia, de pensamentos, como "Será que vou conseguir chegar até o final?", de embates, de conflitos por causa de ideologias.

Nunca me senti um seminarista conservador ou progressista, pois considero esses conceitos extremamente limitantes. Procurei ser uma pessoa equilibrada, mas não se vive no mundo sem conflitos. É preciso afirmar suas posições. Tive dissensos, sobretudo por querer que o seminário fosse um lugar bom, onde houvesse o mínimo de boa vontade de todos, respeito para com a formação, para com as pessoas que nos mantinham ali.

Sofri e tive momentos conflituosos por causa disso. Sabia que tipo de padre eu queria ser. Às vezes, discordava de coisas no seminário. Por buscar ser verdadeiro, conversava com Luiz Antônio, com os formadores. No meu último ano, mesmo ainda seminarista, já colaborava com a equipe de formação. Convidaram-me, não sei se pelo desempenho que tinha, em vista de alguns colegas que não levavam a sério a vida formativa.

Para mim, há problemas que são estruturais da pessoa e precisam ser tratados como tais; por outro lado, há aqueles que não são estruturais, são momentos de fraqueza de um seminarista e também precisam ser assim encarados.

Por exemplo, é preciso oferecer ajuda e tratar um seminarista cujo problema seja estrutural, familiar. Se for o caso de deslizes e erros, é preciso ajudar também. Mas se é uma pessoa que está no seminário tendo atitudes que prejudicam a vida dos colegas, ela também deve ser tratada com muita tranquilidade e seriedade para que tome consciência de que está atrapalhando, de que não está querendo crescer. Sofri no seminário, porque queria que vivêssemos com mais convicção.

Nunca temi nada disso, pois acredito que as posições diferentes fazem parte da vida. Cada um deve ancorar-se naquilo em que acredita. A vida, o futuro e os acontecimentos dirão se estamos certos ou não. Foi um caminho intelectual, espiritual, afetivo, pastoral vivido no seminário e que me fez muito bem. Intelectualmente, sempre procurei estudar bastante. Espiritualmente, busquei muito ler a vida dos santos, dos místicos. E, do ponto de vista pastoral, tentei fazer o meu melhor.

Vivi os meus seminários menor e maior no período do pós-Concílio e dos conflitos subjacentes a ele, como a luta entre Marta e Maria. Não havia a compreensão de que elas estavam juntas, dentro de nós. Havia uma concepção errada: quem não for assim não é Igreja; quem não for daquele jeito também não é. Hoje, compreende-se que a riqueza da Igreja está justamente nas diferenças, em acolher o contemplativo, o monge, o outro que está mais na dianteira da teologia produzindo, estudando; acolher o que está mais na pastoral social. A Igreja é essa riqueza.

Durante os anos de seminário, o senhor teve muitas crises? Pensou em desistir muitas vezes?

Não. Na verdade, eu nunca tive uma crise grande mesmo, dessas de pensar em desistir. Tive dificuldades no caminho, como todo mundo tem. Eu vivia muito reservado aos meus estudos, à vida acadêmica e à vida espiritual. As crises que tive foram as que relatei, de convivência com alguns colegas de seminário, por questões ordinárias. A vida comunitária compõe-se também de vicissitudes.

Agostinho dizia que é preciso termos uma fé convicta em Cristo e na Igreja, caso contrário nossa fé é torta: "Creio na Igreja dentro da Igreja". Creio na Igreja ("*credo in eclesiam*"), mas com uma visão lúcida de Cristo e da Igreja. Se eu não estiver com meus pés firmados no Evangelho, todo o meu edifício eclesial estará comprometido.

Ele dizia que há realidades dentro da Igreja das quais devemos estar muito cientes, por isso citava o exemplo do vitrô, o qual, de fora, normalmente não se vê. Mas, se estamos dentro da Igreja, quando o sol bate, vemos a beleza e o que está representado nela.

Assim, quando o sol, que é Cristo, ilumina as realidades da Igreja, na qual estamos inseridos, passamos a enxergá-la com muito mais clareza.

O senhor cogitou, em algum momento, enveredar por outra profissão?

Quando eu era pequeno, pensava muita coisa. Sempre perguntei a mim mesmo o que faria, nunca fui a pessoa do "deixa a vida me levar". Não deixei chegar a idade para pensar, não. Aos 7 ou 8 anos, comecei a refletir sobre o que seria. Pensei: "Meu Deus, será que vou ser um zabumbeiro?" [*risos*]. Pensava sempre no lado artístico porque era algo que me atraía. Sempre gostei muito de arte, de dança, de música. Identifico-me com algo que faça a vida vibrar, que a faça ter sentido pra mim e para os outros.

A arte existe porque a vida não basta?

É uma pergunta bem interessante. A arte é um modo muito interessante para o ser humano extrapolar-se, conseguir sobrevoar todas as camadas da existência, conseguir enxergar o mundo de um modo muito mais místico. A arte ajuda-nos a pensar na vida fora das lógicas, com as quais se pensa normalmente, como a lógica do dinheiro, do poder, da matemática. Faz pensar na vida com um outro ponto de vista, de uma maneira totalmente nova, para alguns, até insana. A arte também é provocativa, provoca expressões, extrapola a casinha estabelecida do que é certo e do que é errado. É uma companheira que vai na vanguarda das coisas.

Salvo engano, Nietzsche diz que a arte existe como uma garantia de não nos tornarmos loucos. É como se fosse uma catarse, uma forma de extrapolarmos.

Exato. É uma maneira de purificar o ser humano, de levar o ser humano à sua centralidade verdadeira e entender o que é ser gente de verdade. O que seria do mundo sem a arte, sem a música, sem a poesia? Ela consegue rasgar o coração da pessoa, alcançar as realidades mais íntimas e as exprimir. Consegue virar o ser humano do avesso. Aquilo que estava tão escondido torna-se, agora, visto; nomeia sentimentos, experiências. A arte consegue colocar luz em realidades que estão, até o momento, não totalmente expressas.

O senhor, inclusive, chegou a gravar CDs, não é?

Isso. Essa é uma boa história, inclusive [*risos*]. Gravei um CD, montei uma banda chamada Maranatá, da qual ainda tenho fotos. Fizemos shows, mas eu vi que não era o que Deus queria de mim. Ele não me convidava a ser um padre artista, por isso dei um passo para trás. Tinha medo de renunciar ao que é irrenunciável na vida do padre, a vida de oração e de contemplação, e, assim, me perder só no exterior das coisas, rodando para lá e para cá, cantando, fazendo shows. Então percebi que não era o que eu queria.

O que mais despertava no senhor o desejo de entregar-se totalmente ao Mestre?

Para mim, a missa era sempre muito atrativa, muito bela. Eu sonhava em poder presidir a Eucaristia. Era um grande sonho poder consagrar pão e vinho. Quando eu era seminarista, olhava muito para o altar, perguntando-me quando chegaria o dia em que eu presidiria a Santa Missa e poderia confessar.

A primeira confissão que fiz foi uma experiência muito bela. A primeira missa também. Vivi muito essa expectativa. Queria muito ser ministro do Senhor, servir à Igreja, celebrando os sacramentos. Espelhava-me muito, olhava para os grandes sacerdotes da nossa diocese, como padre Severino e outros, que celebravam a Eucaristia tão serenamente... aquela aura de santidade que, na minha cabeça, revestia a figura do sacerdote.

Como diz a Carta aos Hebreus, o padre é, realmente, um homem tirado do meio dos homens e, depois, devolvido à comunidade; um homem que tem um selo, um diferencial[10].

Na minha vocação, atraíram-me muito os sacramentos e a santidade dos padres. Lia muito sobre isso, tive grandes referências. Não fui coroinha nem vocacionado, em qualquer época ou paróquia, em que o padre fosse desastroso ou não fosse zeloso. O modo como entramos no seminário muda-nos muito. Há quem entre com o olhar como Jesus diz no Evangelho: "Se teu olho estiver escuro, tudo em ti será escuridão"[11]. O apóstolo Paulo também confirma isso. Se entrarmos com um olhar sombrio, torto, então tudo mais será só escuridão, trevas.

Em sua caminhada, o senhor aderiu a uma postura retilínea. Foi perseguido no seminário? Faço questão de perguntar isso porque sabemos que tantos seminaristas sofrem e são perseguidos por não adotarem o estilo da autoridade formativa.

A autenticidade é difícil em qualquer ambiente, sobretudo dentro das instituições. Há uma grande luta entre ser verdadeiro com suas convicções ou ser fiel à instituição ou a quem estiver, no momento,

---
10. Cf. Hb 5, 1.
11. Cf. Mt 6, 23.

à frente dela naquele determinado momento histórico. Nem sempre você tem um formador preparado, que está à altura para comandar a formação.

Eu não diria ao pé da letra que fui perseguido. Vivi embates e nunca fugi deles, sempre com muita prudência, mas também nunca me esquivei das discursões teológicas, de uma boa conversa. Às vezes, até esquentando um pouco os ânimos sobre temas como santidade, celibato.

Vivi a época do pós-Concílio, e a sua compreensão ainda não estava muito clara na cabeça das pessoas. Muitos pensavam que ele abolira tudo. Na verdade, a intenção não era abolir nada, mas voltar às origens, voltar à patrística e à patrologia, às raízes bíblicas, além de purificar a Igreja, dar a ela um ar novo. Houve muitos exageros, e passei por essa época em que, até para rezarmos um terço, no seminário, nos escondíamos. Eu acreditava muito no seminário como uma "fábrica de santidade", mesmo que custasse grandes provas, lutas e esforço.

O senhor viveu em uma época em que a América Latina, especialmente o Brasil, experimentava certa euforia, como se a acepção de liberdade encontrasse outro destaque. As próprias instituições sofreram uma mudança de ciclo: algumas curvavam-se a movimentos que aconselhavam afrouxar aquilo que havia de regra enrijecida. Os seminários também passaram por isso?

Os extremos são muito perigosos. Sempre busquei a síntese. Discordei quando me deparei com atitudes que existiam na Igreja e que, do ponto de vista litúrgico, feriam o zelo com as coisas sagradas. Eu ficava muito triste ao ver certos comportamentos e condutas em celebrações por onde andei. Vivenciei um contexto em que as pessoas estavam, simplesmente, muito inseguras, procurando o que era certo no pós-Concílio.

Acredito que faltou formação, e a real intenção do Concílio não foi compreendida. Todos aqueles movimentos que o antecederam, mas que não vivi, eram em prol da renovação da vida litúrgica e da teologia bíblica. Tudo isso tinha um sentido e um desejo, mas não era muito bem vivido nem compreendido. Quem não conseguiu entender o Concílio fez muita bobagem, mas houve quem tenha conseguido entender muito bem. Alguns padres conseguiram compreender o que o Concílio estava propondo, sem ferir a fé de ninguém. Pelo contrário, foram grandes testemunhas, eixos que apontavam para o Cristo em uma época de incertezas.

Mas o senhor acha que, hoje, já existe uma compreensão daquilo que as quatro constituições do Concílio Vaticano II quiseram propor para a Igreja?

Creio que a formação, sobretudo a formação dos padres, ainda é muito limitada. É pouco tempo para aprender muita coisa. A formação dos leigos também é muito limitada. Todo mundo pede formação na paróquia. Fazemos uma escola da fé, mas poucos participam. Há muitos degraus da fé. E a etapa que engloba a leitura, o conhecimento, o debate é muito importante.

Muitos querem apenas comungar e receber os sacramentos. Debater, ler e aprofundar a fé não estão na pauta de muita gente. Creio que tanto nós, padres, quanto os leigos precisamos aprofundar esse caminho do Concílio. Ainda não esgotamos nosso aprofundamento a esse respeito, por não compreendermos tudo. Por conseguinte, não o aplicamos bem.

É verdade que o senhor chegou a ser formador, ainda quando seminarista?

Eu sempre fazia minhas colocações e ponderações nas grandes assembleias do seminário. Nunca me omiti sobre comportamentos graves de colegas, de coisas que eu via que contrariavam o Evangelho, que não estavam de acordo com o que deveria ser.

No meu quinto ano de seminário, o penúltimo, tive embates muito fortes com pessoas e grupos. Nesses embates, eu dizia abertamente que alguns formadores não estavam à altura.

Em dezembro, nas férias, houve uma ordenação em Patos. Logo após a missa, foi servido um jantar, e um dos formadores, oriundo de João Pessoa, chamou-me para conversar à parte. "Nós da equipe de formadores pensamos em, no próximo ano, contar com a ajuda de alguns formandos para nos auxiliar. Visto que você é um dos que têm nos ajudado com propostas, pensamos em você e mais dois."

Éramos eu, Marcos Gomes, de Palmares, e Severino, da Arquidiocese. Fiquei como coformador do propedêutico. Então, no último ano, ajudei a formar o propedêutico de João Pessoa, assim como o de Alagoas. Além de estudar, era formador.

Foi um grande prazer poder trabalhar ao lado de grandes pessoas, a quem admirava. Nós não fomos retirados do processo formativo nem fomos tidos como superseminaristas. Fomos apenas convidados a colaborar e ajudar naquilo em que acreditávamos poder, a partir de uma visão crítica que tínhamos.

Ajudei o sacerdote formador do propedêutico, padre Léo Denis. Tomamos decisões sérias sobre alguns comportamentos no seminário.

Padre, é muito sério decidir a vida de uma pessoa. Principalmente quando se deixa a oportunidade de se formar, cria-se expectativa nos familiares etc. Ser formador é muito sério, não é?

Sim, ser formador é mesmo muito sério. Numa das vezes em que fomos falar com um rapaz para tirá-lo do seminário, ele disse: "Vocês estão acabando com minha vida". Nós tínhamos consciência de que, no processo formativo, não é o formador quem exclui ou coloca alguém para fora, na maioria dos casos. A pessoa, com seus comportamentos, vai se excluindo do caminho.

O formador deve ser muito imparcial, tranquilo e honesto. Ao ver que alguém não vai ser um bom padre, pode tomar várias atitudes, como pedir que ele passe um ano em casa para repensar, por exemplo. Há outras estratégias, como: um acompanhamento psicológico, com o vigário da paróquia etc.

É diferente de quando é algo grave e não restam dúvidas sobre o malproceder do seminarista. Neste caso, convidamos a retornar para casa, afirmando que não há condições de continuar e de dar bons frutos. Assim, amenizo a ideia de que decidi o futuro dele.

Existem formadores que, se não entrarmos no molde deles, estamos propensos a deixar o seminário. Como o senhor nos explica essa questão?

O bispo deve ter um espírito de muita sensibilidade para escolher um bom formador, o qual não pode ser aquele que impõe um ritmo próprio. Isso seria personalismo; seria formar seminaristas à imagem e semelhança do formador, e não é o propósito. O objetivo é ajudar os seminaristas a se configurarem a Cristo, não a ele. Se o formador tem essa sensibilidade, ele vai longe. Mas, se ele não é uma pessoa madura, cometerá muitos estragos.

O senhor aceitaria ser reitor, formador?

Não sei, depende muito do contexto. Estou aberto a servir à Igreja da maneira que ela precisar. Tenho sido muito feliz por nunca ter-me negado a fazer o que me propõem. Sinto-me como um servidor do Evangelho que está em comunhão com a Igreja.

Não descarto nenhum tipo de serviço, mas, atualmente, colaboro como diretor espiritual. Semanalmente, escuto os seminaristas, aconselho-os. De todo modo, estou na equipe de formação.

Se eu fosse reitor, pediria a Deus que me desse muita maturidade para fugir do personalismo e para que eu ajudasse os seminaristas a entenderem que precisam configurar-se na pessoa de Cristo. O que a Igreja propuser para mim, estou aberto a fazer. Se for para meu bem maior e para minha salvação, estou disposto.

Havia algum amigo muito próximo no seminário?

Sim. Havia alguns amigos próximos. Um deles era o padre Marcos, seminarista em Palmares. Hoje, ele está terminando o doutorado em

Filosofia, se já não o concluiu. Ele era um grande amigo. Discutíamos teologia, filosofia. Discordávamos, mas mantínhamos uma amizade verdadeira, que passava muito pelo desejo de santidade e pela cordialidade. Ele era um seminarista muito bom. Havia também o padre Gaspar, de Guarabira. Nós éramos bem próximos. Ele me fazia muito bem, era extrovertido, uma excelente companhia.

Fiz boas amizades. Na Diocese de Patos, eu tinha muitos amigos, mas que saíram do seminário. Essas amizades marcaram-me muito. Mesmo após a ordenação, mantivemos um grupo de vida por um bom tempo. A cada ano, íamos a uma diocese diferente. Nosso objetivo era compartilhar a vida e promover ajuda mútua.

Terminou o seminário, mas continuamos nos encontrando, para rezar, conversar sobre a vida e partilhar os desafios sacerdotais. Tive bons amigos no seminário e louvo muito a Deus por isso!

A estrutura atual do seminário forma padres para a realidade que a estola os imporá?

A formação é algo complexo porque o ser humano também o é. Na realidade, agora, ela é bem mais exigente do que há alguns anos. As pessoas querem padres preparados, estudiosos, ávidos leitores. Porém, mesmo que o seminário ofereça, muitos seminaristas não têm interesse pelo estudo. Querem passar nas provas e, ao término dos estudos, abandonam tudo. Nunca mais fazem um curso de formação.

O seminário oportuniza estudo, mas também formação afetiva. Conta com a ajuda de psicólogos. Mas há seminaristas que passam o curso inteiro escondendo-se. Ao invés de se apresentarem, camuflam-se por medo da formação e de não chegarem à ordenação. Por não receberem ajuda, ficam como a árvore que cresce pouco porque não aceita tomar a água que é colocada na raiz.

Creio muito nos seminários, nos formadores. Os bispos procuram padres muito bons para colocar na formação. Isso é o mínimo de responsabilidade.

Analisando a estrutura dos seminários, nos quais trabalho como diretor espiritual, vejo que é muito boa, em termos de formação. O aspecto oracional, muito bem organizado e equilibrado; o estudo e a vida afetiva também; a direção espiritual, a vida diária, o esporte, tudo bem montado e organizado para que a pessoa possa, ao fim, sair bem formada para servir ao povo de Deus. Embora acredite nessa estrutura, vejo limites que precisam ser continuamente corrigidos. Hoje, o seminário e, sobretudo, os formadores servem-se muito das ciências modernas para oferecerem o mínimo de formação.

Já na minha época, fazia-se um pouco o trabalho de *coaching*, como dividir o ser humano em doze áreas. Pensavam: "Vamos trabalhar o seminário e os seminaristas a partir de dimensões essenciais, tanto na vida eclesial como na vida humana". Havia as dimensões humano-afetiva, pastoral, espiritual e intelectual.

Mas existem seminaristas nos quais a formação não consegue penetrar. São pessoas que recebem apenas um "verniz". Isso ocorre por não se abrirem à experiência, por medo, por virem de uma história de sofrimento, de rejeição. Muitos vêm de família muito pobre, assim como eu. Há também grupos que se digladiam para ver quem tem mais poder. Isso existe em toda instituição.

A formação faz o seu papel, o seu possível, mas boa parte do progresso do sacerdócio depende muito do esforço pessoal.

Há mais de 2 mil anos, Sócrates fundou a filosofia ocidental com a máxima "conhece a ti mesmo". O autoconhecimento é difundido, como deveria, no seminário?

Há muito que se deve fazer por si mesmo. Hoje, estive conversando com um amigo psicólogo, fui dar a bênção na clínica dele. No meio da conversa, ele me perguntou: "Padre, os sacerdotes recebem um acompanhamento psicológico? Com quem os padres se orientam?". Acredito que todo padre deveria ter a figura do diretor espiritual na sua vida. Um sacerdote mais idoso, equilibrado, que possa ajudar no crescimento humano, com quem seja possível conversar sobre tudo.

Em alguns casos, é importante que alguns padres até façam acompanhamento psicológico por um tempo. Às vezes, eles recebem uma transferência que não estava prevista, vão a um lugar muito difícil; outras vezes, sofrem uma perseguição dentro da diocese por parte dos colegas ou uma situação pessoal mesmo, no sentido familiar. Deveríamos incentivar mais essa questão do acompanhamento psicológico, da ajuda.

Aquela oração de São Francisco é bem atual: "Senhor, quem sou eu? Quem és Tu?". Sem essa consciência de si mesmo, o padre não será capaz de servir com eficácia a uma comunidade. Neste novo milênio, as pessoas são mais exigentes, esperam muito mais dos padres, portanto é preciso maior preparo humano e intelectual.

A figura do padre perdeu muito do seu sentido, porque nós mesmos misturamo-nos demais. Equivocadamente, muitos pensam que as pessoas nos queiram como "parceiros", não como pais. Sempre que me relaciono com um amigo ou com uma família, busco a postura de um pai, de alguém que quer ajudar. Tenho muito a oferecer e a aprender também, mas, sem essa consciência, tudo fica comprometido.

O autoconhecimento é algo muito importante. É preciso ler bons livros a respeito, procurar ajuda quando preciso e fazer da vida um caminho de amadurecimento. Sem o autoconhecimento, o cabide do humano fica curto demais para receber a graça.

4. O caminho da ordenação presbiteral

Em 1998, o senhor concluiu os estudos, no seminário maior, e regressou a Patos. No caminho da ordenação presbiteral, há um tanto de experiências e estágios. Como se deu o estágio pastoral?

Em 1998, terminei o curso de teologia e deveria retornar a Patos para começar o estágio, o qual deve ser bem direcionado pela diocese a uma paróquia apta a fazer a acolhida.

Toda paróquia é composta por pessoas boas, além de possuir pastorais e estruturas que podem ajudar, mas nem todas estão preparadas para acolher um estagiário. Portanto, considero-me privilegiado por ter estado na Paróquia Nossa Senhora de Fátima, experiente em acolher.

Por lá, já passaram muitas pessoas de bom nome e de boa índole. Um povo muito bom, leigos que liam o Catecismo da Igreja, pessoas preparadas e de boa vontade, uma comunidade muito viva, pastorais muito atuantes. Tudo isso também é importante para formar um novo padre.

Claro que, em toda caminhada, há estágios, pastorais; mas o primeiro é muito importante, porque definirá nosso contato com as pessoas, o modo de falar, de se portar diante das comunidades. A Paróquia de Fátima é ambiente com uma realidade muito ampla, há o presídio — uma pastoral indesejada pelos padres. Mesmo sendo paroquianos, infelizmente, muitos sacerdotes não o assumem, alegando não se identificar. No entanto, como não se identificam, se Cristo enviou-nos para os mais sofridos? Quem se identifica com Cristo não se identifica com Ele apenas nas bodas de Caná, mas também com a figura crucificada, sofrida, pobre.

Havia também as difíceis realidades do presídio feminino e do hospital, ao qual quase não tínhamos tempo de atender, embora houvesse empenho dos padres em fazê-lo. Além disso, havia boa parte das universidades ali, o que nos convocava a refletir sobre como fazer uma pastoral universitária.

Outro desafio era a pastoral militar e a assistência aos militares, tendo em vista que o grupo dos evangélicos fazia isso muito bem. Toda semana iam até lá, e nós, católicos, não tínhamos um trabalho nessa linha. Então a criamos, dentro da Paróquia. Eu não sei se ainda há nos tempos de hoje.

É uma paróquia muito complexa, com muitas demandas. Em um estágio, é preciso acompanhar o seu vigário, para aprender do mais simples ao mais complexo. Por exemplo, lidar com a parte burocrática e o trato com o povo, reuniões de pastorais, de grupos, aprender a coordenar reunião, a fazer o papel do Bom Pastor, do líder.

De fato, a Paróquia Nossa Senhora de Fátima ajudou-me muito, pois as pastorais e comunidades rurais eram muito vivas. Uma segunda-feira por mês, reuníamo-nos com as comunidades rurais, com os representantes. Fazíamos uma formação e um lanche. Tudo isso graças a um trabalho duramente preparado pelo padre Francinaldo, que foi estagiário lá e deu muita atenção a esse aspecto.

Outra importante figura de Fátima era o padre Hilário, já idoso, com 80 anos e uma vida inteira dedicada ao Evangelho. Ele era quase cego, então, aos sábados pela manhã, vinha um jovem da comunidade, que lia para ele os textos da semana, os comentários, as orações, para que pudesse decorá-los. Mesmo usando uns óculos de grau forte, ele não conseguia enxergar. A convivência com ele era muito boa e agradável. Era um homem muito santo, e tínhamos a graça de todos os domingos almoçar com Dom Gerardo, após a missa dele na Catedral.

O vigário da Paróquia era padre Luciano, o qual me orientara em tudo que ele pôde. Era uma pessoa muito generosa e bondosa. Vivi momentos muito alegres em meu estágio.

Como era o padre Hilário Leite Grangeiro?

Convivi com ele por um ano. Era uma figura muito simpática, com idade avançada, mas sempre muito alegre. Conversador, muito sorridente e extrovertido. Não era tão introvertido quanto parecia. Pelo menos, no convívio em casa, parecia muito alegre e bom.

Quando eu chegava, tinha prazer em encontrar aquele velhinho para conversar. Era notório seu gosto em falar sobre sua vida, o seminário, os estudos, a paróquia. Um homem simples, que transmitia a alegria do Evangelho. O passar dos anos como padre não o tornou uma pessoa amarga, mas o fez cada vez mais feliz e cheio da alegria do Espírito Santo. Em outras palavras, padre Hilário era um modelo de perseverança sacerdotal: mesmo quase cego, não deixava de celebrar a missa. Seu comprometimento era tanto que ele viveu seus últimos dias na ativa, falecendo após uma celebração.

Viveu seu ministério com muito amor e zelo, até o final. Por ser discreto, não se tornou uma figura tão conhecida. Não quis ocupar funções de destaque e buscava muito a santidade. Sempre o encontrávamos rezando, além de que demonstrava extremo cuidado com os pobres, assim como os padres antigos. Todas as sextas-feiras, davam-se esmolas. Dom Gerardo também tinha esse hábito. Formavam-se filas gigantes para o recebimento. Padre Hilário, ao receber o salário, mandava trocar em "dinheiro miúdo" e o distribuía, como ajuda aos necessitados. Diante de tudo isso, ele foi uma figura da qual me orgulho pelo privilégio da convivência mais próxima e por ter feito parte de nosso presbitério.

Quais atividades o senhor desempenhava nessa época?

Na diocese, Dom Gerardo pediu-me para tomar conta da Pastoral da Juventude e da Renovação Carismática Católica. Procurei exercer essas duas funções com muito carinho. Também atuei como membro da comissão estadual do ensino religioso. Todos os meses, a comissão formada por mim e pessoas do estado inteiro, representantes de várias igrejas, reunia-se. Conheci bons pastores, pessoas de muito bom coração.

Alguns anos antes, o padre Jean Marie Labat, francês, aconselhou-me a que, quando eu fosse padre, não me restringisse apenas às questões paroquiais, buscando um trabalho que ampliasse meus horizontes.

Outra questão que acompanha o seminarista-estagiário é em qual paróquia ficará. Dom Gerardo, à época, foi muito sábio e me colocou em uma paróquia do interior, pequena. Eu creio que isso foi muito bom, humanamente, para mim, pois quebrou toda espécie de carreirismo, que é uma grande chaga na Igreja. Essa corrida pelo poder é uma doença trazida de outros ambientes.

Dom Gerardo, nesse sentido, ajudou-me muito, pois deu minha primeira paróquia, para onde fui ainda como diácono. À época do estágio, viajávamos muito porque eu dirigia, e ele, já com certa idade, precisava desse apoio. Sempre que o bispo necessitava, eu estava à disposição, de modo que viajei muito com ele para reuniões de forania, encontros e crismas.

Meu estágio foi bastante curto. Comecei em fevereiro e fiquei até maio. No dia 5 de junho, aconteceu a minha ordenação diaconal. A vida toda do seminário já é um estágio. Há muitos bispos que, hoje, marcam as ordenações diaconais para o final do último ano, o que não é de espantar.

Então, foram quatro meses de estágio; recebi o diaconato, e depois o bispo me propôs assumir uma paróquia, o que me deixou muito surpreso, mas também muito angustiado. Sofri muito.

No estágio, cultivamos muitos sonhos e esperanças sobre a diocese. Há também a admiração pelo clero, um envolvimento na vida do presbitério. Formam-se toda uma expectativa e uma alegria de retorno, de voltar às origens, o desejo de colocar, finalmente, a mão na massa, já que passávamos muito tempo em formação e nos questionávamos quando começaríamos a exercer a função de pastor.

O sacerdote que acompanha esse período tem uma importância fundamental na vida daquele futuro presbítero?

Sim. Muita. Minha sugestão é que seja um padre que tenha maturidade, fidelidade e amor à Igreja comprovados. Que não seja um homem dado às bebidas, pois há muitos estagiários que acabam se perdendo.

Às vezes, fazem uma caminhada de seminário muito boa, mas, durante um ano, estragam muita coisa. Conheci muitos que adoeceram existencialmente, por ausência de compatibilidade com o padre que estava coordenando o estágio. Em alguns casos, há estagiários muito mais equilibrados que o padre acompanhante, entrando em um grande conflito por terem sido colocados com alguém que não estava à altura de ajudá-los.

Eu vi um jovem muito bom fazer estágio com um padre altamente autoritário, e o resultado foi que se tornou autoritário também. Acho que o modo como dizemos define quem somos e o que pensamos da Igreja e de nós mesmos.

Então, às vezes, há um problema nesse sentido porque o período do estágio não é um ano qualquer. Nele, o padre deve ajudar a pessoa a crescer, a ser verdadeira, a ter uma personalidade de retidão. Assim, quem o coordena deve ser alguém preparado, escolhido não somente pelo bispo, mas por um conselho presbiteral, para que o estágio seja proveitoso e saudável.

Essas são algumas observações que considero muito pertinentes, porque é preciso cuidado ao selecionar quem tenha condição de ajudar a pessoa, com uma vida de oração, amor ao povo, diálogo aberto.

Além da figura do padre, que deve ser quem cuida do estágio, acredito também que a definição de quem vai ser reitor, vice-reitor e outras funções deve ser muito bem analisada pelo conselho, definindo um perfil. Tudo que falei sobre o estágio também serve para o seminário.

No meu seminário maior de João Pessoa, tive alguns problemas, os quais relatei a Dom Gerardo. Alguns formadores não tinham a "coragem do conflito", como diz o bispo Dom Paulo Jackson. Quem deseja servir a Deus terá uma vida de conflitos, porque Jesus mesmo disse que, no mundo, teremos aflições. Ele mesmo prometera que não veio trazer a paz, mas sim a espada.

Um formador que não está à altura da formação não tem a coragem de viver certos conflitos, de dizer aos formandos que certos caminhos não são bons; faz vista grossa, não ajuda as pessoas a crescer.

Creio que, na escolha geral dos formadores, devem-se escolher pessoas não só com maturidade humana, mas que ajudem o outro, não sejam medrosas nem queiram agradar a todos, pois o papel a ser feito é de pai, e, como sabemos, nem sempre o filho o compreenderá.

O senhor recebeu os primeiros ministérios das mãos do arcebispo metropolitano, Dom Marcelo Pinto Carvalheira. Como isso aconteceu?

Eu recebi as primeiras ordens em João Pessoa, e foi uma oportunidade de me aproximar um pouco de Dom Marcelo, uma figura muito admirável, mansa e dócil. Certa vez, chamaram-me para que eu conhecesse o quarto dele, o qual era muito simples, com uma cama feita com toco de madeira bem serrado e sem coberta. Havia toda uma mística por trás daquele modo de viver. Não era um arranjo de aparências, mas sim uma vida bem enraizada no Evangelho.

O senhor teve a oportunidade de visitar o brasileiro mais conhecido do mundo, depois de Pelé. A ele, foi concedido o título de

doutor *honoris causa* das universidades de Harvard e Sorbonne. Como foi esse encontro com Dom Hélder Câmara?

Eu fui convidado para conhecer Dom Hélder em Guarabira, quando ele foi receber um prêmio. Eu fazia teologia e tinha como colega de quarto o seminarista Gaspar, que hoje é padre daquela diocese.

Dom Marcelo tinha um vínculo muito forte com a cidade. Era uma entidade francesa que vinha dar a Dom Hélder esse prêmio, e ele já estava emérito. Como ele era seu afilhado e teria todas as condições de fazer a festa acontecer, tomou para si a responsabilidade de realizar esse momento, e eu fui, como seminarista.

Tinha um grande desejo de conhecê-lo, pois, no seminário, escutávamos muitas histórias bonitas sobre ele: o cuidado com os pobres, o zelo com as pessoas, a mística de alguém que conversava com as formigas, que quando estava viajando mandava parar o carro porque queria contemplar o sol, as árvores. A beleza dessa vida beata, feliz, de alguém que se encanta com a criação. Embora houvesse também quem dissesse que Dom Hélder era uma pessoa muito ligada à teologia da libertação e que promovia "certo espírito de comunismo". Particularmente, eu não acreditava nisso, via-o como um santo.

Em Guarabira, meu primeiro encontro com ele ocorreu na sacristia, através de Gaspar, que era muito amigo do vigário da catedral e me apresentou a todo mundo. Depois, fomos à casa onde ele estava. Conheci um homem muito simples, banhado com o Evangelho, por dentro e por fora. Aquele que resumia em si aquilo que diz o apóstolo Paulo: "Já não sou eu quem vive, mas Cristo quem vive em mim"[12].

A espontaneidade chamava muita atenção no seu discurso. Tinha uma retórica muito precisa, ninguém cansava de ouvi-lo. Depois daquele momento, tive a oportunidade de conversar e tirar foto com ele, partilhar da serenidade e da ternura, que lhe eram peculiares.

Eu soube de muitas histórias dele. Uma em que um senhor o procurou, no extremo do sofrimento, e ele o mandou levar um bilhete

---

12. Cf. Gal 2, 20.

em que o apresentava como irmão a um empresário da cidade. Diante da descrença do parentesco, Dom Hélder reafirmou o fato, alegando que todos nós somos irmãos porque, quando Cristo morreu por nós na Cruz, seu sangue foi derramado sobre todos nós, unificando-os em uma única família, tornando-nos, sim, consanguíneos.

A segunda história é sobre o bandido que desejava matá-lo. Era um dia chuvoso na sacristia da igreja. O bandido bateu à porta e lhe perguntou se realmente era Dom Hélder, e ele, antes de se apresentar, disse-lhe: "Meu filho, como é que você sai em uma chuva dessa? Entre para cá. Primeiro, eu vou fazer um chá para você, algo para comer". E, assim, ele entrou para fazer um chá e preparar biscoitos [*risos*].

Conta-se que o homem começou a chorar e disse-lhe: "O senhor parece tanto com meu pai, é tão bom, e eu fui designado para tirar a sua vida. Agora, terei de fugir, porque as pessoas que me mandaram tirar sua vida são muito perversas. Vão procurar me matar". É uma história bonita, na qual a ternura de um idoso fez o homem pensar no próprio pai e desistir do contrato que fizera para acabar com a vida dele.

Só um homem muito cheio de santidade para tocar as pessoas dessa maneira. Ele era um místico. Contam que dormia cedo, mas acordava entre uma e duas da manhã para rezar, além de ter uma ligação muito forte com o Anjo da Guarda.

Em uma celebração na Europa, Dom Hélder passou do riso ao choro em segundos, porque era muito espontâneo e livre. Expressava as emoções sem medo da censura.

Acredito muito no homem que é capaz de sorrir e de chorar. Muitos perderam essa sensibilidade. Sorrir como as hienas, sem saber por que estão fazendo isso; ou chorar como crocodilos, sem sentir o valor da lágrima. Ele era um homem muito humano. Acho que isso contribuiu para que se tornasse um grande místico, santo e uma referência para a Igreja no Nordeste e para todos nós que o consideramos alguém que realmente soube viver o seu ministério.

Na ordenação diaconal, o candidato faz as promessas celibatárias. O senhor lembra bem desse dia?

Sim. Tenho ainda o documento que fizemos à mão para, justamente, pedir essas primeiras ordens. Modéstia à parte, escrevi com tanta profundidade que, hoje, vinte anos depois, ao lê-lo, penso se fui eu mesmo quem o fez [*risos*]. É a prova de que o Espírito Santo fala muito forte em nossas vidas, dizendo-nos coisas preciosas.

Há três promessas que fazemos e são para toda a vida, ligadas ao homem novo, que vive conforme as bem-aventuranças. A primeira coisa é prometer a vida simples. Hoje, eu entenderia a pobreza evangélica, uma pobreza digna, em que você vive sem passar necessidades, mas sem ter luxos nem ostentar riquezas, para não humilhar os pobres. Eu diria que seria a primeira aventurança. "Bem-aventurados os pobres de espírito", que eu traduziria: "Bem-aventurados os livres interiormente", porque a pobreza espontânea é fruto da liberdade interior.

Não se encantar com os bens do mundo nem fazer do ministério uma fonte de arrecadação de dinheiro. Em nenhum momento, Deus concorda com a miséria, muito pelo contrário, Ele quer tirar o homem dela para uma condição que chama de pobreza digna, na qual se tem o necessário para viver e se vive bem.

Madre Teresa de Calcutá, certa vez, encontrou o cardeal Ângelo Comastri, quando ele ainda era padre. Ele a procurara porque sabia das suas virtudes e queria aconselhamento. Ela lhe disse algo muito interessante: "Você vai ser escritor de muitos livros, mas esses livros não lhe darão riqueza. Não escreva procurando riquezas". Ele, de fato, é um grande escritor e pregador, de grande alcance teológico e espiritual. O grande conselho dela era que ele usasse isso para ser uma pessoa melhor e para fazer as outras pessoas melhores.

A segunda promessa é a castidade. Viver uma vida conforme o plano de Deus. Viver a sexualidade e a afetividade com muita sabedoria. Na paróquia, as pessoas esperam do padre um pai. À medida que amadurecemos, descobrimos que o celibato não é apenas uma questão moral, mas existencial mesmo; significa ser inteiro de Deus.

Trata-se de um matrimônio espiritual, de uma entrega que caminha para ser cada vez mais completa. À medida que nos tornamos maduros, essa vida esponsal com Cristo vai se tornando também mais madura, e o celibato vai acontecendo não como um peso, mas como algo natural.

Quem se entrega ao trabalho pastoral 24 horas sabe que não há tempo para pensar em outras coisas; sabe que o seu coração deve estar sempre a serviço do Reino, sem divisões ou demarcações.

O padre deve ter um coração muito livre para amar a todos, sem exclusividades. Essa é a questão que está por trás do celibato. Cristo era um homem muito livre, e devemos caminhar para essa liberdade. Aliás, a liberdade está por trás das três promessas, que são pobreza, castidade e obediência.

Sem querer seguir os padrões e as modas do mundo, ser livre o suficiente para ser obediente à Igreja, mesmo quando você não concorda com o que ela diz, ou mesmo quando observa que ali se instalara um processo contra você. Se em algum momento você vir que o Evangelho já não tempera a vida das pessoas, Cristo já não está no centro, mas em uma lixeira qualquer, esquecido. É claro que não se trata de uma obediência cega, você precisa também ajudar as pessoas.

Acredito muito em uma discussão aberta. Com os meus conselhos (econômico e pastoral), aqui na paróquia, a discussão é assim, eu não tenho um plano em cima da mesa e outro por baixo dela. Na Igreja, quanto mais livres formos para expor nossas ideias e escutar as dos outros, mais seremos capazes de viver em uma Igreja que caminha conforme o Evangelho e, se isso não for possível, é melhor assumirmos.

Voltando ao celibato, acredito que ele é fruto de uma comunhão profunda com Cristo, que se renova a cada dia na oração, no cuidado com os pobres, no zelo com a paróquia. Essa união íntima e profunda vai crescendo na adoração ao Santíssimo, na meditação diária da Palavra.

Jamais um padre pode sair de casa sem meditar o Evangelho, sem rezar suas Laudes. Eu acredito que, sem essa sustentação, o padre não viverá bem, não transmitirá a presença de Deus para os outros. Então, o celibato acontece nesse desejo de configurar-se, cada vez mais, à semelhança de Cristo, que é casto e puro. Para vivê-lo, algumas "armas" são necessárias. A primeira é evitar as ocasiões que levem a traí-lo. Evitar pessoas que não te vejam como padre.

A segunda "arma" seria conviver com famílias inteiras. É importante escolhermos famílias com as quais possamos crescer e amadurecer como pessoas porque é um ambiente que ensina muito.

Além disso, existem as armas espirituais, a meditação da Palavra, a adoração ao Santíssimo, a celebração dos Sacramentos feita com piedade. Tudo isso ajuda a pessoa a querer crescer no celibato porque há pulsões, desejos, fraquezas e limites. Precisamos, portanto, pedir a Deus muita sabedoria.

Eu creio no celibato porque eu vi padre Severino, um homem que assim viveu. O padre é um homem que tem desejos e vontades, como qualquer outra pessoa, mas creio na luta, no combate. A vida é um combate. Se a pessoa cair, deve procurar levantar-se e não fazer disso uma rotina, para não viver uma vida ambígua. É necessário buscar a Deus com muita verdade no seu coração porque, se você errar hoje, amanhã será um outro dia, e Deus lhe dará a graça de recomeçar.

O senhor está incardinado na Diocese de Patos, composta por quarenta paróquias. No início do seu ministério, passou por pequenas comunidades. Acredita que isso foi importante na construção da sua identidade como presbítero?

A minha primeira paróquia, onde fiquei por cinco anos, era realmente muito simples. É importante começar por situações mais simples, para assim chegar às mais complexas. Uma das vantagens é que o povo é muito simples também, claro que tem as suas exigências, mas, quanto mais simples, mais respeita o padre, mais o ajuda a ser santo.

Uma experiência difícil é trabalhar em uma sede de uma diocese porque há várias paróquias. Eu mesmo senti na pele a chantagem da cidade grande. Se o padre disser algo de que alguém não goste, no outro dia a pessoa faz questão de retirar o dízimo e ir para outra paróquia, afirmando não ter gostado, por exemplo, da homilia ou da postura do padre em relação a determinado assunto. Cada um coloca o seu tempero, mas as pessoas acham que as coisas devem acontecer em conformidade com os seus gostos.

Em um lugar pequeno, a simplicidade e o respeito do povo ajudam o padre a se colocar sempre no lugar dele, pois, por exemplo, a aproximação já se dá com o pedido da bênção. A simplicidade também ensina o padre a não procurar a ostentação. O povo quer uma liturgia bonita, que aprofunde a pregação, a homilia, mas de maneira muito prática, ajudando-o a crescer na fé.

A estrutura da paróquia era precária, tínhamos apenas oito capelas. Havia várias comunidades sem capela, em que eu celebrava debaixo de um pé de árvore ou na casa das pessoas. Isso faz muito bem também porque remete à Igreja primitiva, em que não havia lugar definido para celebrar. A Igreja não era a dos templos, mas sim muito mais familiar.

Acredito que começar por paróquias pequenas, de maneira muito simples, deveria ser o estilo adotado pela diocese. Depois, um lugar do interior, para o padre se sentir mais padre, pois há muito respeito, mas muita confiança também. As pessoas convidam muito para almoçar, jantar, tomar café, para bater um papo informal em casa e para tratar de assuntos familiares.

Na cidade maior, encontramo-nos menos com as pessoas. Lembro que, quando morava em uma paróquia no interior, a minha folga era em uma casa no sítio. Havia um engenho, e, às vezes, Dom Manoel também gostava de passar a folga lá. Naquele lugar simples, em contato com a natureza, tomava caldo de cana, fazia alfenim, andava em carro de boi, fazia coisas simples, coisa de gente. É importante, principalmente para o padre, ter esse contato, porque, se não tivermos cuidado, somos sugados pela administração e há perda, do ponto de vista pastoral.

Trabalhar em cidade pequena exerce uma importância enorme, no sentido de humanizar a pessoa, fortalecer a identidade presbiteral, a identificação com os pobres e pessoas humildes. Todo padre deveria começar em uma realidade mais simples.

Quando trabalhei em Roma, vi que os padres de lá também não iam direto para uma paróquia ser párocos. Eles ficavam ajudando na catequese com as crianças e em toda a preparação para os sacramentos. Deixavam ao pároco toda a parte administrativa. Depois de algum tempo, recebiam a administração de uma paróquia.

No meu caso, eu assumi tudo, mas vemos que, no começo, somos frágeis, mas também o quanto o povo respeita aquilo que ainda não sabemos fazer. Dom Gerardo dizia: "Vocês não sabem tudo nem podem tudo. Vocês são padres, formados em teologia. Sejam humildes. Se forem construir, chamem um engenheiro e um arquiteto. Valorizem as pessoas naquilo que têm de melhor".

Acho que isto também é uma missão do padre: descobrir os talentos, ajudar a cidade pequena a crescer. Lembro que incentivei muitos pais, no interior, que deixavam o filho estudando em escolas mais simples, a investirem mais no estudo dos filhos, em uma cidade maior. Muitos pais o fizeram, e muitas pessoas foram ingressando nas escolas e faculdades de forma mais expressiva.

As pessoas são muito simples e têm dúvidas que precisam ser solucionadas. No interior, o padre é pai, psicólogo, pastor, amigo, padrinho de muita gente. Você entrava na vida do povo e exercia essas missões todas. Hoje não, está tudo mais bem resolvido, mas, no passado, vivi isso.

Das 12 mil pessoas da comunidade, quase 10 mil moravam em sítio. Quando acontecia uma festa de padroeiro, passava o tempo todo lá, alugava uma casinha para passar a semana. Ali, eu fazia o que os antigos chamavam de "desobriga", passava a semana confessando pessoas, visitando doentes, convivendo, palestrando em uma cadeira de balanço, exercendo a catequese com as crianças.

Aquele meu primeiro rebanho ajudou-me muito, e eu aconselharia que se desse ao padre a oportunidade de começar pelo interior pelas várias realidades que expressei aqui. Há muitas pessoas que reafirmam a nossa vocação, a nossa identidade. Um respeito que ratifica a identidade sacerdotal.

5. O dia inesquecível

No dia 29 de outubro de 1999, Dom Gerardo de Andrade Ponte o ordenou presbítero de sua igreja diocesana. Como o senhor estava naquele dia?

Passamos muitos anos preparando-nos para o dia da ordenação. Os primeiros dias de discernimento, os encontros vocacionais, seminário menor, seminário maior e, por último, o estágio. É toda uma vida investida, além das tantas possibilidades que deixamos de lado. Tudo em vista de um sonho divino-humano e, ao mesmo tempo, compartilhado por tantas pessoas que estão ao nosso lado.

Chegar ao dia da ordenação é fruto de um grande esforço individual e compartilhado entre os que nos apoiaram. É uma grande batalha. Não chegamos ao altar com a nossa própria força. Temos de reconhecer, como diria São João Paulo II, que a vocação sacerdotal é dom e é mistério.

É dom porque é dado por Deus. Ninguém pode dizer que possui essa vocação ou que a "fabricou" em si. Vi muitos, no seminário, que estavam lá porque os pais ou os avós queriam que fossem padres, mas não conseguiam, pois é uma experiência difícil. Se a pessoa não estiver lá porque realmente deseja, acabará deixando o seminário.

O dia da ordenação é fruto de uma caminhada longa, feita com o apoio de muitas pessoas: muitos amigos que passaram pela nossa vida, pessoas preciosas; diretores espirituais; reitores; padres amigos, com os quais podemos fazer pastoral aos fins de semana, ajudar na paróquia; senhoras que rezam por nós; catequistas. O dia da ordenação é uma ocasião em que se mesclam sentimentos no coração.

O primeiro deles é muita gratidão a Deus: "Obrigado, Senhor, por ter me acompanhado esses anos e por ter confirmado a minha vocação. Apesar dos meus limites, chamou-me, como chamara também aos seus discípulos. Apesar das minhas fraquezas, o Senhor me quer para servi-Lo". É uma mistura de gratidão e, ao mesmo tempo, de grande responsabilidade.

Existe um retiro para a preordenação. Recordo-me de ter feito um outro também. A preparação já vinha ocorrendo ao longo de todo o seminário, mas percebi que não custava nada me preparar ainda mais.

Pude refletir, neste outro retiro, o motivo que me levara, de fato, a querer ser padre. Nessa ocasião, chorei bastante, assim como nas vésperas da ordenação, pensando não em aplausos nem nada assim, pois, como dizia o apóstolo Paulo: "Isso não vale nada. Isso é o periférico da coisa, é a casca"[13]. O que vale, justamente, é o caráter que Deus imprime em nós de uma vez para sempre.

Eu temia não estar à altura de uma graça tão grande, não por ser jovem, mas pela concupiscência que habita o homem, o pecado. Chorei bastante e, hoje, compreendo que é melhor que tenhamos esse senso de responsabilidade mesmo. Quem recebe um convite como esse e não pensa nas responsabilidades não está trilhando um bom caminho.

Além disso, eu me preparei, convidando muitos amigos. Não digo isso por nenhum tipo de presunção, mas a minha ordenação foi a que mais contou com a presença de padres, em relação ao que vi em outras celebrações, até mesmo em Roma.

Estavam presentes, inclusive, vários padres de muitas outras dioceses. A ordenação presbiteral é uma grande graça. Não imaginava

---

13. Cf. II Cor 12, 1.

que seria um antes da ordenação e, dela, sairia outro. Padre Hilário, muito maduro, dizia-me que tudo passaria tão rápido que logo eu já seria padre e sequer me daria conta do que mudara em mim.

    A mudança é percebida pouco a pouco, porque é profunda, age no caráter do homem. Deus lhe coloca um selo especial, e sua vida começa a caminhar de forma a correspondê-lo. Como já disse antes, é puro dom e puro mistério.

    Deus não nos chama porque somos melhores ou porque agiremos melhor que os outros. Seu chamado será sempre um grande mistério. Jesus diz no Evangelho: "Chamou a si os que Ele quis"[14]. Por que chamou Pedro, João e aqueles homens? Ele não diz o critério para tê-los escolhido. Agostinho, sobre isso, diz: "Deus não chama aqueles que são capacitados, mas, uma vez chamados, Deus procura dar a essas pessoas a capacidade para servir".

    Entendo a vocação como um dom, um mistério, por isso creio que dificilmente alguém passaria dez anos no seminário sem ser vocacionado, apenas no intuito de fugir de algo ou estudar. Ser padre, assim como ser qualquer outra coisa, exige um amor muito grande.

    Preparei-me para esse momento de ordenação, de presbiterado. Fui a Campina Grande, recebi a casula, na qual mandei colocar o símbolo da Trindade, assim como nos convites e no livro de cântico, hábito comum antigamente. Era o ícone da Santíssima Trindade do russo Rublev.

    Mandei fazer também a túnica, a estola, tudo... Naquele dia da ordenação, recebi muitos presentes, não só materiais, mas espirituais, dos quais nunca me esqueço; além de presentes humanos, afetivos, pessoas que vieram de fora, famílias inteiras de João Pessoa e de lugares onde trabalhei como seminarista. Foi uma grande alegria!

    Quando comemoramos algo, as pessoas procuram reservar o que têm de melhor dentro de si para nos oferecer, e, assim, sen-

---

14. Cf. Mc 3, 13.

ti-me muito acolhido. Padre Elias foi de fundamental importância na preparação do evento. Naquela época, não podia ser na igreja, pois atraía multidões de fiéis, já que não era comum ter ordenação na diocese, como hoje.

Talvez esse seja o motivo pelo qual as pessoas participem menos dessas cerimônias. A irmã Veneranda (*in memoriam*) era uma freira da Alemanha que veio ao Brasil muito jovem. Certa vez, estava no Brasil e decidiu que ficaria aqui até o fim da vida. Ela se apaixonara pelo Brasil [*voz emocionada*].

É emocionante lembrar dela. Era muito amorosa, principalmente, com os mais frágeis. Investiu tempo e até dinheiro de sua família alemã para ajudar os mais pobres. Inclusive, ajudou-me na ordenação.

Várias outras pessoas participaram. Não era um momento só meu, era um momento da Igreja, e de pessoas que comigo viveram tempos fáceis e difíceis, acompanhando a minha caminhada.

Havia muitos sacerdotes que acompanharam o percurso trilhado. As renúncias enfrentadas durante os anos de seminário reafirmam nossa vocação e, ao mesmo tempo, deixam marcas. Todas as vezes que participo de uma ordenação, fico pensando nas realidades belas e nas travessias que aquele jovem terá de passar. Uma vez, um padre, já idoso, disse-me que só um padre compreende o outro.

No dia 29 de outubro de 1999, Dom Gerardo de Andrade Ponte ordenou-me presbítero. Naquele dia, senti uma mistura de muitos sentimentos. Padre Antônio, seminarista à época, foi quem cantou a missa com minha irmã e um outro grupo. Meu desejo era um grupo de canto que me desse segurança e me fizesse lembrar da boa companhia. Com eles, constituímos um grande marco na minha ordenação também.

Com apenas 24 anos, sem a idade mínima exigida pelo Código de Direito Canônico, que é 25, o senhor foi ungido, segundo a ordem do Rei Melquisedeque. O senhor tinha noção de quão grande responsabilidade a Igreja depositava em suas mãos?

Sim, claro. Naquela época, as pessoas eram forçadas a amadurecer muito cedo pela dor e pelo trabalho. Vivi muito brevemente tudo o que tinha de viver na infância e, logo depois, comecei a trabalhar aos 8 anos, vendendo picolé e pastel. Isso não me tirava tempo de jogar bola com os colegas; ao contrário, cativava-me.

Eu estava ciente de que a Igreja depositara, em minhas mãos, muita confiança ao me ordenar padre. Sabia que eu não tinha 25 anos, tinha 24 e precisava de uma licença dada pelo próprio bispo. À época, Dom Gerardo concedeu-me.

Mas, no caso de a pessoa ter 23 anos, o bispo teria de mandar uma licença, pedindo ao Papa. Concluí aos 23, mas fui ordenado aos 24.

Fui reprovado na quinta série não por questão de conhecimento, mas porque havia uma gangue na escola que batia nos alunos e praticava horrores. Certo dia, no recreio, atiraram-me em uma quadra, de uma altura que não faço ideia de quanto seja, mas a mão de Deus me protegeu.

Caí por cima de uma árvore e cheguei em casa todo machucado. Depois desse dia, sofri calado por medo de contar aos meus pais. Muitas vezes, nem ia à escola, ficava na praça vizinha, em silêncio, e chorava. Foi traumático demais.

Preocupo-me muito com as crianças e os jovens calados. Sei que muitos carregam sozinhos dores enormes, como eu carregava esse segredo. Quando minha mãe viu minhas primeiras notas negativas, perguntou-me o que estava acontecendo, e eu tive de contar.

Meus pais foram até a escola, mas já havia se instalado em meu coração um trauma muito grande, porque a altura da quadra de onde me jogaram era muito elevada. Então, se eu não tivesse reprovado naquele ano, teria terminado o curso aos 22 anos.

Eu era muito consciente de que, assim como diz o apóstolo Paulo, carregaria em vasos de argila grandes tesouros. Eu sabia que a vocação sacerdotal é algo muito sublime. Já lia muito sobre padres e, hoje, sou ainda mais consciente disso.

Alguns Monges do Deserto, quando sabiam que os bispos iam convidá-los a ser padres, cortavam os dois dedos com os quais elevamos a hóstia, para usar como desculpa e negar o pedido.

Desde 2016, a Santa Sé vem considerando aumentar essa idade mínima. Segundo a sede pontifícia, a imaturidade psicocronológica e afetiva dos jovens de 25 anos é gritante. Vivendo em uma outra época, os jovens de hoje conseguiriam abraçar o sacerdócio no início de sua vida adulta?

Os tempos vão mudando e as pessoas também. Se, no passado, assumiam-se responsabilidades muito cedo, hoje a própria sociedade construiu e tem construído um estilo de vida em que as responsabilidades vêm sendo adiadas o máximo possível.

Na Europa, por exemplo, completada a maioridade, normalmente um jovem saía de casa para estudar ou trabalhar e construir a sua vida. Hoje, tem sido bem diferente. A preferência é por estudar em casa, até porque as universidades existem em todo lugar.

Em um tempo mais remoto, vemos algumas figuras muito jovens, as quais se destacaram porque Deus as escolheu e assim quis. São Tarcísio, ministro da Eucaristia aos 12 anos, e o apóstolo João, que começou a seguir Cristo aos 14 anos, por exemplo. Ele tinha cerca de 17 anos, quando Cristo foi crucificado. Era uma missão muito grande para alguém tão jovem. Ele era o discípulo amado, um dos pais da Igreja. Além deles, Maria Santíssima, convidada a acolher no seu ventre o Filho de Deus, entre 13 e 14 anos de idade.

Há sempre exceções. Encontraremos jovens com a cabeça muito boa, mesmo que a grande massa caminhe para a futilidade, mas ainda assim encontraremos pessoas muito decididas e com o coração muito firme e desejoso de fazer a vontade de Deus.

A idade mínima para a ordenação dos bispos também mudou. Antigamente, na Igreja, em vários continentes, era comum alguém ser ordenado bispo aos 35 anos. Mesmo que o Direito Canônico não tenha mudado, atualmente a Igreja é muito mais criteriosa. A idade consensual mínima para a ordenação de um bispo é de 45 ou 46 anos. Uma idade boa para estar preparado para assumir uma tarefa como essa.

Nunca falei para ninguém, mas acho bom ressaltar. Creio que o que eu senti, muitas pessoas sentem. Tinha muito medo de ser rejeitado por ser novo, de chegar a uma paróquia e as pessoas se perguntarem o que um menino como eu teria a lhes dizer.

Outro dia, visitando certa paróquia, uma pessoa disse-me que os fiéis queriam um padre mais maduro, pois julgavam que suas necessidades não estavam sendo respondidas por um padre jovem. O povo desconfia muito da seriedade de um padre novo, da sua integridade, de que tenha maturidade para aconselhar nos momentos difíceis.

Eu me vestia e me portava como alguém de uma idade maior para dar essa impressão de mais velho. Porém, maturidade, não podemos fingir que temos sem termos. Quando fui à Paróquia Nossa Senhora de Fátima, notei que muitos ficaram naquela ansiedade. Hoje, vejo que a idade não é tudo, mas creio que algumas paróquias, pela sua complexidade, deveriam ser administradas por padres maduros. Quando você chega muito jovem a uma paróquia com uma estrutura grande, sofrem você e a comunidade.

Fui do Conselho Presbiteral por muitos anos e tive a graça de ajudar. Vejo que ele é formado por homens muito maduros e com muita boa vontade, mas, às vezes, falta uma discussão livre interna. Ainda não temos clareza para dizer, sem nenhum subterfúgio, tudo o que pensamos.

A preocupação do Vaticano é muito pertinente, embora existam exceções. Contemplamos um horizonte de muita carência na vida dos padres e das pessoas em geral. Muitos, aos 25 anos, não são maduros ainda.

Há pessoas que crescem como frango de granja; tornam-se grandes, mas a substância é pouca. Pessoas com 50, 60 ou 70 anos que se comportam como se tivessem 6 anos de idade. A idade cronológica nem sempre corresponde à idade psicológica.

No meu dia a dia, vejo gente jovem que, psicologicamente, está muito amadurecida porque a família e os amigos ajudaram; e outras que têm uma idade cronológica muito elevada, mas sem nenhuma maturidade.

Essa é uma questão muito profunda, que exige muito mais apreciação por parte do Vaticano; isso tem sido feito para que, de fato, sejam ordenadas pessoas que tenham condições de ser presbíteros. Presbíteros são, justamente, anciãos. Um ancião de 25 anos é difícil reconhecer...

Reconheço que foi difícil também, para mim, ser um ancião na fé para aquela comunidade, mas, ao mesmo tempo, foi bom, pois trabalhei muito por isso. Eu rezava e, às vezes, chorava, pedindo ao Senhor maturidade para entender e viver certas coisas.

Aos 25 anos, escutei uma confissão que me fez chorar, prostrado ao Santíssimo. Algumas confissões ainda me levam a fazê-lo por pessoas, que, muitas vezes, nem têm consciência dos atos cometidos. A maturidade chega paulatinamente na vida do homem.

Creio que alguns jovens, hoje, conseguem abraçar o sacerdócio com uma idade de 24/25 anos, mas a maioria não. Atualmente, as vocações são mais tardias. No seminário, por exemplo, muitas pessoas já trabalharam, já tiveram experiência afetiva. Há pessoas até que já fizeram curso superior. Então, mesclam-se ali indivíduos com histórias pregressas distintas.

Em uma homilia, certa vez, o senhor afirmou ter aprendido algo no dia de sua ordenação do qual nunca se esqueceu. O que seria essa lembrança indelével?

No dia da ordenação, aprendemos muito. Uma das lições ocorre justamente no momento em que nos prostramos. É preciso sepultar muita coisa dentro de nós. A vida cristã é uma caminhada na qual acontecem morte e ressurreição diariamente.

Um dos ensinamentos que levo comigo é que, ao chegar à comunidade, o padre deve arregaçar as mangas e ajudar as pessoas. Do contrário, ele continuará como um grão de trigo que cai no chão e não morre.

Lembro que, ao chegar à minha primeira paróquia, precisei me envolver até em questões familiares. Certa vez, chegou lá em casa uma mulher com três filhos pequenos, apavorada, chorando. O esposo, um ex-policial, havia puxado um revólver para matá-la.

Conversamos longamente, e providenciei comida para as crianças. Ela, então, disse-me que, se ele a visse, a mataria. Desse modo, ofereci-lhes abrigo para passarem a noite e lhe garanti que, caso o seu marido aparecesse, conversaria com ele. Essa figura de dono do mundo não existe. Somente na cabeça de algumas pessoas.

E ser pastor é justamente isto: poder carregar o cheiro das ovelhas. Tive de me meter na história familiar para ajudá-los. Outra vez, recordo-me que chegou à minha casa um bêbado que incomodava muito na cidade. Era um jovem que, quando bebia, ficava sujo, chorando.

Tive de dizer a ele que estava estragando a própria vida, sem se dar conta. Pedi que preparassem um quarto e um bom banho para ele e fiquei aguardando para jantarmos. Naquela noite, quando ele entrou no quarto, rezei até certa hora da noite por aquele rapaz. Hoje, está recuperado, já faz 18 anos que não bebe. Resgatou a autoconfiança, recobrou o estado de espírito e retornou à família, ao emprego e à vida que havia jogado fora.

Tive de me envolver em situações muito sérias na vida da comunidade para ver algum fruto. Se o pastor não quer ter o cheiro da ovelha, se o jovem pensa e quer ser padre a partir de uma visão de ostentação, de que ele terá acesso a muita coisa (e, de fato, terá, o que representa mais uma preocupação para o Vaticano), então ele está com uma visão muito errada sobre o que é realmente ser padre.

No momento em que me prostrei na ordenação, repito, vi que havia um mundo que morria e outro que nascia dentro de mim. Era um momento de renovação. Deus curava a minha história para que eu fosse capaz de servir. Recordo-me sempre daquela história do povo do Antigo Testamento que era mordido, envenenado e tinha de olhar para a haste, onde estava a serpente pendurada, que era onde estava Cristo, que seria morto na Cruz.

Fico pensando na vida de padre. Quando sinto alguns venenos tentando me atingir, sei que a única saída é prostrar-me diante Daquele que é capaz de anular todo o efeito do maligno.

Há muitas lições sobre a vida sacerdotal prática que vamos aprendendo lentamente. Confio naquilo que dizem os santos padres e os documentos da Igreja: que o clero é uma família. Mas hoje, para mim, também é muito claro que, como toda família, o clero também passa dificuldades que precisam ser trabalhadas.

Padre Severino falava-me dos quatro S do padre: santo, sábio, sadio e social. Trata-se, na verdade, de palavras de Dom Bosco. Um padre precisa ser santo e conduzir os outros à santidade. Deve ser visto como alguém separado, e não antipático ou que se coloca à margem, mas que sabe que sua vocação é algo especial para a Igreja.

Deve ser sábio para não viver nem alimentar tolices, não formar uma comunidade de gente infantil, o que é muito triste de ver. Na linguagem nordestina, existem o sábio, o sabido e o sabedor. O sábio é o homem que vai buscando essa virtude através das muitas experiências de vida; o sabido é aquele que se faz de esperto e quer ganhar em tudo, mesmo passando por cima dos outros; e o sabedor é a pessoa que estuda muito, tem abundante conteúdo. Entre o sabedor e o sábio, existe um abismo.

"Sadio" quer dizer uma pessoa equilibrada, que se percebe em um processo de crescimento e sabe que precisa ser cada vez mais equilibrada. Estamos, segundo Michael Foley, entrando na chamada "era da loucura". E nós, padres, temos de ser referências de lucidez para as pessoas nessa era.

Muitas pessoas farão o que a grande massa faz, achando que aquilo é o certo. Poucas pararão para refletir e caminhar na lucidez. Ser lúcido, nos nossos tempos, é um grande privilégio. Não é fácil sê-lo nos dias de hoje.

"Social" remete ao fato de que o padre não deve ter medo do povo. Este seria um sinal contrário à vocação. Jesus era um homem que vivia muito perto das pessoas. Um padre antissocial está condenado a viver uma vida triste e sofrida, já que as pessoas o procurarão, mas ele fugirá delas. Seria como viver uma vida de gato e rato.

Qual outro sacramento o senhor queria ministrar?

Eu tinha uma grande vontade de confessar as pessoas, não por uma curiosidade, mas por achar o sacramento muito bonito. Certa vez, ouvira uma pregação de um padre o qual dizia que, se havia algo que devia preencher mais tempo na vida do padre, eram as confissões, porque assim estaria tratando somente de coisas divinas. Isso é belo!

Eu tinha muito desejo de confessar e, ao mesmo tempo, de presidir a Eucaristia, dois sacramentos belíssimos. Pouco a pouco, vamos percebendo a beleza de todos os outros sacramentos.

No caso do batismo, por exemplo, o padre torna-se um parteiro para dar à luz uma criança, para fazê-la entrar em uma realidade que, até então, não era visitada por ela — a realidade do mundo espiritual — e, assim, tornar-se membro do corpo de Cristo.

Ser padre é belo. O padre, com suas mãos ungidas, é presença de Cristo para uma comunidade e faz grandes milagres acontecerem. Entra no confessionário um grande pecador e sai de lá uma pessoa limpa e desejosa de mudar de vida; entra na igreja uma criança pagã, que está vivendo no reino das coisas materiais e, depois do batismo, uma criança herdeira do Céu, participante da vida dos santos que, a partir daquele momento, começa a viver a comunhão com toda a Igreja.

Contemplo tamanha beleza: trazemos ao altar pão e vinho, e o sacerdote, *in persona Christi*, ao impor as mãos, faz a experiência da transubstanciação. Entram na igreja duas pessoas para receber o sacramento do matrimônio. Elas estão unidas por um amor humano que, no altar, enobrecerá, ao ser revestido pelo amor da Santíssima Trindade: o amor mais puro e verdadeiro.

Eu tinha muito desejo de ministrar os sacramentos, de pregar a Palavra e, como seminarista, já treinava bastante.

E, hoje, como sacerdote, o que lhe dá mais prazer?

Meditar a Palavra. Sinto-me um homem dela. Muitas vezes, estou no meu quarto, meditando sobre um texto, e de repente é tão profundo que me ajoelho ao pé da cama para rezar. A Palavra toca-me profundamente, a ponto de convocar-me a um redirecionamento em alguma área da vida ou, então, a leitura lembra-me de alguém por quem devo rezar.

O que me dá mais prazer, no entanto, é rezar com a Palavra, além de celebrar os sacramentos. Estar com o povo e escutá-lo também é uma grande alegria. Há muito a aprender com as pessoas sobre a vida.

Outro dia, estava em uma grande capital e fui ao mercado, onde se concentravam muitas pessoas, no intuito de observá-las. Gosto muito desse tipo de lugar porque ali acontece a vida. Aquilo nos dá certa sensação de que estamos vendo as pessoas no seu cotidiano, por trás das cortinas, como elas são.

Há momentos em que precisamos estar com o povo, ir aonde as pessoas estão. Claro que existem lugares em que não cabe a presença do padre. É preciso ser muito "homem" para decidir que muitos ambientes — como festas de rua, certos bailes — não lhe cabem.

Até um tempo atrás, eu frequentava muitos lugares para mostrar a presença da Igreja ali, mas, muitas vezes, as pessoas não a querem. Naquele momento, estão procurando outras coisas.

Quando ando com meu cachorro, Ângelo, cumprimentando as pessoas, elas gritam para nós. É prazeroso estar com o povo. Padre é alguém que deve encontrar prazer em coisas muito simples, e seu dever é transmiti-lo às pessoas que o rodeiam.

6. O primeiro amor

Em julho de 1999, ainda como diácono, o senhor assumiu a Paróquia da Imaculada Conceição, em Imaculada (PB). Diáconos, geralmente, não são chamados a assumir paróquias. O bispo confiava muito no senhor?

Eu era diácono, e a Paróquia de Imaculada vivia um momento difícil. Voltava de uma viagem para Piancó com o bispo Dom Gerardo e alguns padres da forania quando ele, gentilmente, solicitou-me a aceitação dessa tarefa. Fiquei muito pensativo, receoso, pois só tinha 24 anos.

Fiquei espantado e inseguro, mas Dom Gerardo disse-me que daria certo e que me ajudaria. De fato, foi um pai para mim. Ao me dar a posse, em um domingo à noite, aconselhou-me a escutar mais do que falar, dado o clima tenso que preponderava. Contei com o apoio dele e de padre Albertino. Não fiquei só. Vez ou outra, ele fazia visitas surpresa, não para me vigiar ou me fiscalizar, mas para estar em comunhão comigo, para mostrar que eu não estava sozinho diante de uma realidade tão complexa.

Lembro-me como se fosse hoje de um dia em que ele chegou lá em casa às seis da manhã. Para minha alegria e contentamento, eu já havia tomado banho e estava na sala, rezando o breviário. Eu lhe perguntei se já havia rezado o breviário. Ele respondeu que sim e que estava indo para Princesa Isabel, fazer um trabalho pastoral. Sua visita era apenas para tomar café.

Entre nós, já havia uma amizade muito boa. Ele confiava bastante em mim, desde a época do seminário, porque eu sempre lhe fora muito verdadeiro. E às vezes, mesmo com medo, nunca deixei de dizer o que realmente se passava no seminário: os problemas, as angústias, as lutas internas que havia. Partilhava tudo com ele, não a título de fofoca, mas como um diálogo aberto com o pastor, porque sempre acreditei que isso era algo fundamental na vida de um padre.

E ele, então, confiou a mim essa comunidade. Fora um gesto de confiança, ao qual procurei corresponder, uma vez que, normalmente, um diácono só assume uma paróquia em uma situação quase extrema, quando não há sacerdote para assumir.

Os meses que antecederam minha ida foram muito difíceis. Houve uma noite em que rezava diante do Santíssimo e pedia a Deus que me iluminasse. Se fosse a vontade Dele, que eu fosse e que tudo desse certo. E, se não fosse, que Deus me mostrasse qual era a Sua vontade. Eu chorei muito naquele dia, rezei muito. E, em oração, Deus me mostrou que eu deveria ir.

Na noite da posse, havia uma multidão de pessoas, a igreja estava cheia, era um domingo à noite, e a imagem que me vinha à mente era aquela do Bom Pastor. O povo encontrava-se como as ovelhas, sem pastor. Muitas feridas na alma, no coração, na mente, e o nosso trabalho seria nessa linha. Então, dei-me conta de que, em cada paróquia, Deus nos dá uma missão específica. Lá, minha missão era recuperar a fé do povo, a autoestima das pessoas e trazê-las de volta à Igreja.

Lembro-me perfeitamente da primeira celebração que fiz no domingo, depois da posse, em que havia somente 14 pessoas. Era uma celebração dominical. Mas Deus foi muito bom comigo o tempo inteiro, e eu também era muito simples.

A comunidade vivia, de fato, uma crise institucional. A situação financeira era uma lamentação atrás da outra. Eu, então, conversei com

Dom Gerardo e convoquei a comunidade em geral a uma reunião na igreja. Eu era muito jovem. Talvez as pessoas não imaginassem que daria certo, mas eu acreditava que sim. Na reunião, disse-lhes que uma comunidade que não se mantém é uma comunidade fracassada.

No interior, as cores partidárias são muito fortes e existe uma certa demarcação de territórios. Então, se você vai à casa de alguém, é porque você é de tal cor. Eu prefiro ser muito livre. E eu tinha muita consciência, também, de que devia fazer o possível para não misturar as coisas. Então, vivi uma realidade muito sóbria naquela paróquia.

Lá havia uma televisãozinha de tubo, pequena, 14 polegadas, na sala. O quarto era simples, franciscano, uma cama tão pequena que eu não cabia. Parte dos meus pés ficava para o lado de fora [*risos*]. Ainda dormi umas duas vezes nessa cama, depois decidi dormir na sala, no tapete.

Naquela comunidade, não havia, por exemplo, pratos nem xícaras suficientes. Não havia o necessário. Lembro que o povo teve de fazer uma campanha para ajudar. Fizemos uma espécie de "chá de cozinha" para a casa paroquial, e o povo foi muito generoso.

A casa tinha apenas um conjunto de xícaras e de pratos mínimos. Se chegassem muitas pessoas, era preciso esperar lavar a louça usada para que comessem. Então, foi uma vida bastante sofrida... Na verdade, em conformidade com o Evangelho, o qual nos empurra a fazermos exatamente o que tem de ser feito e, às vezes, fugimos disso.

Foi um período de muita escassez. O combustível do carro era dado por amigos. Com a feira também era assim, levava de Patos; alguns amigos me ajudavam, e fui me virando. Eu comia muito nas casas também. O povo era muito bom.

Depois de cinco anos em Imaculada, eu já não fazia feira. O povo a enviava. Desde aquela reunião em que pedi para escolher se dava para viver com autonomia ou não, uma pessoa já se oferecera a doar alimentos à paróquia. Outros comerciantes prometiam outras coisas. Ou seja, ali já houve uma manifestação muito positiva. Ficamos de reimplantar o dízimo e fazer todo o esforço para que não dependêssemos do poder público porque, além de humilhante, aquilo retirava recursos que poderiam ter outros fins.

Eu acredito que, ao longo da história da Igreja, ao conhecermos a Igreja antiga, medieval, vemos que, todas as vezes que ela quis andar à sombra do Estado, prejudicou-se muito. Jesus não fundou uma Igreja à sombra do Estado, Ele fundou uma Igreja bastante livre. Cristianismo é sinônimo de liberdade. Se ele perde essa marca, perde muito da sua essencialidade.

Aos poucos, fui construindo amizades e organizando a vida financeira da paróquia, intimamente ligada à vida pastoral e eclesial. Pessoas que têm fé, que estão tocadas pela Palavra ajudam a sua Igreja. Pessoas que não têm fé e não estão tocadas pela Palavra não a ajudam. É simples assim!

Aquela paróquia marcou muito seu ministério, não é?
Aquela paróquia marcou muito meu ministério porque pude passar com ela por um momento muito difícil. Hoje, tenho a convicção de que os lugares para onde eu menos queria ir têm sido os lugares que mais têm me ajudado a crescer na fé, pois me ensinam a crescer como gente, a fazer experiências muito profundas do abandono, da Providência e da entrega a Deus. Ele é quem tem cuidado da gente; Ele é quem provê as coisas todas.

Eu, recém-ordenado, sem experiências, realmente recebi muita ajuda de padre Albertino, Dom Gerardo e padre Elias. Imagino, hoje, que o segredo para manter uma paróquia de pé não é algo tão complicado. O primeiro passo parte da sua espiritualidade, do seu amor a Deus, do seu desejo de ser fiel, e as pessoas percebem isso, mesmo que você tenha falhas, problemas, dificuldades. O seu desejo de ser íntegro, bom e correto, além do seu cuidado com o povo, conta muito.

Se o padre souber tratar bem as pessoas e acolhê-las, a paróquia começará a progredir. A figura do padre é tida como a de um pastor, um pai com quem podem contar. E, às vezes, é preciso intervir nas questões mais íntimas, familiares, para o bem comum.

Eu não investi em pompas, em vestes, porque a paróquia precisava do básico. Faltava dinheiro para fazer a feira, e isso era prioritário. Entre ter uma túnica bonita e uma mesa cheia, é claro que optamos por garantir a alimentação primeiro. Eu tinha as túnicas da minha ordenação, as casulas, os conjuntos de casulas que os amigos haviam me dado, levei tudo para lá e coloquei a serviço da paróquia. E, assim, começamos uma bela história de amor.

Aquela primeira paróquia ajudou-me muito porque eu me doei ao máximo. Acordava de madrugada para rezar, ia ao encontro das pessoas. Ainda hoje, conservo grandes amizades desse tempo, chegando até a me tornar padrinho de alguns.

O senhor desempenhou trabalhos nas pastorais carcerária, militar e da saúde. Esses serviços deixaram alguma marca em seu sacerdócio?

Sim. Há serviços na Igreja que ninguém quer fazer. Assim como há muitos leigos que procuram só o microfone, a pompa, o altar, há muitos colegas que não aceitam trabalhar em paróquias na zona rural, no interior. Isso é uma realidade, pois alguns querem estar perto do centro da diocese, onde está o poder. Ali estão os centros comerciais, o shopping para sair com os amigos, uma pizzaria chique, um restaurante... Então, alguns serviços e algumas paróquias também estão na lista dos indesejáveis.

A Pastoral Carcerária é uma pastoral difícil. Não é todo padre que quer trabalhar nela. Eu também, no meu coração, fui resistente. Não vou mentir! Devo fazer o que tiver de ser feito em qualquer pastoral para onde eu for. Se Deus me colocou ali, é porque Ele tem uma missão para mim. Eu não devo escolher trabalho na obra de Deus. A missão da Igreja deve ser feita, de acordo com o que Ele colocar em suas mãos.

Na Paróquia de Fátima havia o presídio, uma realidade com a qual nunca tinha me confrontado. Era angustiante e gerava medo. Mas o trabalho com essa pastoral ensinou-me muito, por estar em contato com pessoas consideradas irrecuperáveis para a sociedade. Tornei-me mais humano.

Todas as sextas, levávamos o Evangelho e alguns agrados que eram necessários à vida do apenado: objetos de higiene pessoal, redes, cobertores, lençóis. E, assim, foi nascendo uma realidade de cuidado, de zelo. Através de campanhas na paróquia, arrecadávamos doações. Quando um preso recebia a liberdade, procurava-me, buscando orientações sobre reinserção social e se queixando da dificuldade em fazê-lo.

Nós nos preocupávamos quando havia algum assassinato lá dentro, alguma confusão, briga... Nessas ocasiões, sempre que possível, íamos para lá. Era um ambiente muito difícil de se trabalhar, mas onde compreendi muito sobre a vida.

Certa vez, um preso disse-me que o presídio era uma grande faculdade, na qual se aprendia com o sofrimento. Outra vez, um senhor abraçou-me forte e me suplicou que o tirasse dali, alegando ser um homem de bem que, em um acesso de fúria, teria tirado a vida de uma pessoa, em defesa de sua família. Disse-lhe que não poderia fazê-lo, mas que seu processo estava em andamento.

Eu encorajava, ajudava e aconselhava as pessoas. Na quaresma, a confissão era um momento muito difícil. Em uma sala pequena, recebia um a um. Nos primeiros dias, ficamos receosos, mas, depois, concluímos que, daqueles 250 presos, os que vinham se confessar eram os que realmente sentiam o desejo de se reconstruir. Interessante que fazíamos a lista dos padres. Vários se comprometiam e, às vezes, chegava o dia e só estava eu, ou eu e o auxiliar da paróquia.

Outra pastoral difícil é a Pastoral da Saúde, um trabalho dentro do Hospital Regional. A qualquer momento, podíamos ser chamados para dar a unção, evitando que alguém morresse sem receber o sacramento. Vez ou outra, visitávamos a UTI e, semanalmente, fazíamos as visitas ordinárias, para acompanhamento das pessoas. Exigia muita sensibilidade e muito boa vontade da nossa parte.

Alguns fatos ocorridos nesse hospital fizeram-me pensar muito sobre a vida e ler bastante para entender algumas questões ligadas à doença, ao morrer. Muitas vezes, eu ia para o hospital como um parteiro, para ajudar a pessoa a partir para a eternidade, porque ela estava bloqueada.

Parece estranho, mas havia quem não conseguisse morrer. Eram indivíduos com grande dificuldade de perdoar, de superar alguma situação ou com muito ódio. Entretanto, com uma oração de perdão, de entrega, de abandono, em poucos segundos, desarmavam-se de tudo e partiam. Em muitos casos, estavam até lúcidos, porém com uma doença grave e, ainda assim, não conseguiam partir.

A morte é um mistério, mas, hoje, entendo muito mais sobre ela, por ter buscado ampliar minha compreensão através de livros antigos, dos tratados sobre a morte, dos livros das antigas civilizações e até do próprio livro da Igreja da idade medieval.

Houve também a Pastoral Militar, que contribuiu muito meu crescimento sacerdotal. Todos esses trabalhos deixaram marcas, sobretudo ampliaram a compreensão do ministério, tendo como norte o Cristo Bom Pastor, que cuida, zela, ama, faz-se um com as pessoas e está presente na vida dos que sofrem.

Em um dado momento, o senhor foi um referencial da Renovação Carismática no sertão paraibano. Chegava a reunir multidões nas paróquias por onde passava. Como iniciou esse caminho?

Essa paixão é antiga [*risos*]. Eu comecei essa caminhada aos 11 anos, antes do sacerdócio. Vejo-me padre da Igreja para todas as pastorais, mas houve quem tentasse prever que eu transformaria a paróquia em um grande celeiro de Renovação Carismática, a qual teve e ainda tem papel importante na minha vida. No entanto, minha compreensão eclesial me leva a crer, em comunhão com a CNBB, que a paróquia é uma rede de comunidades e não se alimenta apenas de uma espiritualidade.

Aos 11 anos de idade, conheci a Renovação Carismática. Padre Severino, meu grande diretor espiritual, era da RCC e foi quem primeiro me introduziu no conhecimento das coisas da Renovação. Depois dele, veio o padre Schuster, um jesuíta que vinha a Patos.

Padre Severino promovia a celebração Pentecostes. Esse Pentecoste, que hoje é da diocese toda, quem começou foi a RCC. Acontecia em uma quadra, com muitas pessoas. Experimentávamos a graça do Espírito Santo.

Eu, aos 11 anos, fui a um retiro com o padre Schuster e fiz a minha experiência, aquela que se chama "efusão no Espírito Santo", a qual foi muito positiva. Depois disso, passei a tentar viver uma vida no Espírito Santo. Um caminho difícil, mas muito belo. A RCC, então, é uma amiga antiga. Mesmo no seminário, continuei cultivando essa espiritualidade.

Quando fui ordenado padre, comecei a atender as pessoas, fazer direção espiritual, um diferencial muito importante, porque, geralmente, as pessoas procuram a confissão, porém é muito rápida. Dura cerca de cinco ou dez minutos. Já a direção espiritual, quarenta minutos. Nela as pessoas desabafavam, contavam o que não tinham com quem conversar.

Como padre, escutava coisas que nunca tiveram coragem de dizer nem ao esposo, nem à esposa, nem ao pai, nem à mãe, mas vinham dizer a mim. Então, experimentei essa paternidade espiritual e vi que era importante na vida do povo.

As chamadas missas com orações por cura e libertação eram muito fortes. Chegávamos a reunir 8 mil pessoas. O sistema de saúde não é bom, então, ao adoecer, muitos passam por vários problemas. Além da fragilidade do corpo, há as humilhações decorrentes do sistema.

Além disso, as pessoas buscavam conforto para a alma, soluções para seus problemas, para sua vida afetiva, para a convivência em família, e havia também a busca por conversão. Não era um trabalho de cura do corpo, porque eu nunca quis fazer o papel de curandeiro. Padre Schuster dizia muito isto: "As pessoas querem a cura do Cristo, mas rejeitam o Cristo que cura". As pessoas querem muito ser curadas, mas, assim como os leprosos, só uma parte volta para agradecer, para querer tornar-se Igreja, para se engajar. Não é todo mundo que entende o chamado para ser Igreja. Às vezes, uma pessoa é curada de uma doença em uma missa e nunca mais volta.

Eu sempre busquei aprender muito. Sou um homem inquieto, nunca me contentei. E, então, fui a São Paulo fazer cursos de exorcismo com a Associação Internacional de Exorcistas. Fui a dois retiros com o padre Robert Degrandis, que era muito preparado e buscava a compreensão da vida a partir de outras ciências, não só da teologia. Aprendi muito.

Depois, fui em busca de formação com o padre Rufus. Todos os anos, eu ia ao Congresso de Formação da Renovação Carismática, onde se encontravam as grandes lideranças, os grandes nomes do Brasil em música, em pregação. Eu não perdia uma oportunidade, pois, como a paróquia em que estava era pequena, eu tinha a chance de viajar, pregar em retiros, participar, vivenciar. Padre Robert Degrandis deu-me um conselho que até hoje trago comigo e mudou a minha vida: "Cada um de vocês tenha alguém com quem desabafar. Escolha um sacerdote, um amigo, um psicólogo".

No meu caso, esse alguém é o padre Antônio, meu irmão. Esse retiro ocorreu em 2002, então eu procurei rezar para que Deus me mostrasse quem seria essa pessoa, e Deus me mostrou ele. Não na oração, de forma mística, nem no ouvido me soprando, mas na vida. Ele procurou colocá-lo ali para assumir esse cuidado comigo, um cuidar do outro. Ele era seminarista, à época, e eu comecei a andar mais com ele, levá-lo a retiros e a encontros.

Quando ele vinha de férias, às vezes eu já estava com as passagens compradas para viajarmos juntos. É meu irmão de sangue e é sacerdote também. Ele veio de uma realidade diferente da minha; embora sejamos da mesma família, eu sou mais novo que ele, então vivi algumas experiências diferentes das dele. Ele teve uma vocação tardia. Sempre teve vontade de ser padre, mas viveu muitas coisas antes.

Trabalhou nos Correios, namorou e quase chegou a se casar. Então, vivenciamos realidades bastante diferentes, e isso gera uma riqueza muito grande entre nós. Mesmo quando eu estava em Roma, ligava com frequência para ele, para conversarmos sobre a vida. Então, contei com grandes homens na minha caminhada.

Quando chegara a Tavares, fazia as missas com orações por cura e libertação, rezava pelas pessoas, dava esperança. O padre deve ser o homem da esperança; deve ser alguém para quem as pessoas cheguem tristes, conversem e saiam recuperadas, renovadas, com desejo de viver. Ele não é alguém que semeia tristeza, desânimo, dúvida ou desespero. O trabalho com a RCC serviu-me para isso.

A vida espiritual do senhor mudou?

Mudou muito mesmo! Sou inquieto, vivo buscando, porque quero profundidade. O raso não me serve. Sempre procurei uma espiritualidade que me ajudasse a encontrar Deus no encontro e cuidado com o próximo. Frequentei o Focolares e outros grupos, buscando o transcendente, passando pelo imanente. A RCC mudou-me muito, de forma que abri os olhos para essa vida de oração intensa, de adoração ao Santíssimo e de zelo com a Escritura que se deve ter.

O Frei Clodovis Boff escreveu um artigo sobre a RCC, no qual pontua as grandes belezas que ela trouxe à Igreja, as quais não se deve ignorar. Pelo contrário, deve-se incentivar, podar aquilo que não está de acordo com o Magistério e acolher. À época, Dom Gerardo fez imediatamente uma cópia e me deu para ler.

Minha vida espiritual mudou muito, porém sempre digo que a RCC não pode ser a única fonte de espiritualidade na vida de um padre. Eu me espelho muito nos Monges do Deserto e também nos Padres da Igreja. A espiritualidade desses homens baseava-se na Sagrada Escritura. Fazer da Palavra o livro de cabeceira, que o acompanha dia e noite. Dedicar pelo menos uma hora ao dia ao aprofundamento da Palavra.

Então, esta fala não corrobora a argumentação de grande quantidade de padres que afirmam que a RCC é puro "emocionalismo" e ilusão psíquica.

Todo movimento da Igreja apresenta momentos de exagero, que precisam ser corrigidos. Creio que não podemos ser extremistas a ponto de dizer que a RCC é puro "emocionalismo" e ilusão psíquica, tampouco podemos afirmar que não existam pessoas desajustadas nela.

A RCC tem muito a oferecer à Igreja. Ela ajuda a pessoa a rezar com o coração. Essa reza que não consiste em formulações teóricas, como se fosse um diálogo de gabinete entre mim e Deus, mas a oração como o diálogo entre o filho e o Pai. Ela resgatou essa questão do emocional na oração, as palmas, os gestos... Tudo isso é de uma grandeza excepcional.

Há quem não concorde e diga que isso não pode acontecer na Igreja. Mas a liturgia tem muitas dimensões, e não podemos pensar na dimensão sacrifical como única. Isso seria reduzir a Eucaristia a uma única dimensão.

Eu diria que há quem pense e viva a RCC como puro "emocionalismo". Trata-se de pessoas que precisam ser ajudadas a colocar os pés no chão. Há quem use a RCC como uma espécie de PNL (Programação Neurolinguística) ou como *coaching*. Creio que também não é esse o caminho. Inclusive, há Igrejas não católicas que se tornaram especialistas em *coaching* e em PNL e esqueceram o Evangelho.

Da minha parte, procurei ser sempre muito sincero. Eu acredito que Deus é justo, é honesto e, quando nós buscamos o que é correto, o que é justo, as respostas vêm. Quando eu rezava as missas com oração por cura e libertação, fui muito criticado e muito incompreendido. Houve até quem dissesse que era um meio de arranjar dinheiro.

Depois, escutei de um coordenador de pastoral, a quem fiquei devendo uma resposta porque estávamos em uma reunião com muita gente, e eu não quis ser deselegante: "Alguns padres querem apenas dinheiro para as suas paróquias e vivem de moda. Está saindo de moda a missa da cura e está entrando na moda a missa da luz. O que é que vem depois?".

Achei uma afirmação bastante infeliz, porque não vejo os padres que celebram a missa com orações por cura como mercenários. E, se houver gente assim, está totalmente fora do espírito do Evangelho e precisa de uma correção fraterna por parte do bispo. Mas conheço muitos padres sérios que celebram essa missa simplesmente para ajudar as pessoas, com o interesse de fazer o que Jesus fazia. Ele pregava e, ao mesmo tempo, rezava, pedindo a cura para as pessoas. E ainda dizia: Vá em paz, a sua fé te curou. A sua fé te salvou![15].

Na minha primeira paróquia, houve quem fizesse essas afirmações, e sofri muito. Essa visão de espetáculo, de disputa entre Deus e o demônio para saber quem vai vencer, deve ser evitada na Igreja. Em nenhum momento Jesus quis, viveu ou pregou isso.

Deus cura do modo que ele quer. Às vezes, rezamos por alguém e nos vem uma intuição, dada por Deus, sobre uma erva que pode ajudar a curar a pessoa. E, então, você fala isso para essa pessoa, acreditando que isso pode ajudá-la.

O grande problema está na espetacularização da fé, em transformar a Igreja em um show. Temos que ter muito cuidado com isso! E, sobretudo, para que o padre não apareça mais que Cristo. As pessoas devem ter a consciência de que quem cura é o próprio Cristo. O padre não pode ser colocado no pedestal nem acima Dele. Na entrada de Jerusalém, nós somos o jumento que carrega o Cristo nas costas. Não podemos confundir os papéis. O padre é apenas um ministro de

---

15. Cf. Lc 18, 42.

Deus, a serviço do Evangelho. Ele não pode, em nenhum momento, prometer curas. Não podemos monopolizar Deus.

Já vi uma família muito nobre aqui, no Brasil, decepcionar-se e abandonar a Igreja porque havia um parente com câncer, e um padre que rezava por cura e libertação garantira-lhes que Deus ia curá-lo.

Já vi alguém chamar uma pessoa com câncer para o altar e dizer: "Você está curado. Volte para casa!". E, dali a uma semana, a pessoa estava de novo na quimioterapia. Nós não podemos cair no charlatanismo, enganar as pessoas. Onde tem enganação e mentira, o Evangelho não está. O demônio é o pai da mentira. Então, eu vi essa pessoa e essa família tornarem-se ateias, perdidas, depois viraram espíritas, procuraram outros caminhos. Sentiram-se frustradas, enganadas. O padre dava assistência, mas, no meio dessa assistência toda, prometeu o que ele não poderia prometer.

Enfim, aprendi muito ao longo desses anos e tenho procurado fazer aquilo que acredito que é o certo. Houve um momento de uma grande crise, e eu perguntava muito a Deus se essas missas eram, realmente, fonte de cura para as pessoas. Jamais quis ser alguém que enganasse as pessoas. Então, Deus me deu um grande sinal: a cura de um rapaz que estava com câncer nos rins, com metástase. A médica chamara-me para dar a unção, porque, segundo ela, a medicina não podia fazer mais nada. Então, fui à casa dele, à noite, e lembrei que padre Degrandis uma vez havia me dito que os sacramentos são fontes de cura. Então, naquela noite, eu o confessei, dei a unção dos enfermos. Ele só tinha 14 anos e me disse que queria muito ser crismado, porque achava que ia morrer.

Liguei para o bispo da época, Dom Manoel, ele autorizou e, no outro dia, fomos realizar a Crisma naquele jovem. Ele recebeu mais dois sacramentos: a Crisma e a Comunhão. No outro dia, já acordou pedindo água e comida. Quando voltou a João Pessoa, sua presença foi uma surpresa para o médico, que achava que nem chegaria a encontrá-lo novamente. Então, ele o questionou sobre que remédios tomara ou que tratamento fizera. Pediu que o menino fizesse exames e o obrigou a fazer três vezes para confirmar a cura. E ela acontecera!

Aquela cura foi não só para o menino, mas para mim também. Eu já havia visto vários casos de cura, mas passava por um momento de crise muito particular. Estava sendo muito criticado por padres e até por pessoas da própria RCC, porque sabemos que o demônio trabalha até em pessoas da nossa própria casa.

O senhor chegou a pensar em se tornar um missionário, dedicado a essa forma de evangelizar?

Ficamos encantados com esse modo de evangelizar. Eu via vários padres abrindo comunidades de vida. Vivi o grande momento de efervescência da RCC no Brasil. Via as igrejas lotadas. Quando o fenômeno estourou de vez, as grandes massas procuravam a RCC.

Se, por uma vertente, lotavam-se as igrejas, por outra havia muita coisa que não era clara, sobretudo para os leigos. Procurei estar sempre em comunhão com a Igreja. Dom Gerardo foi quem me entregou a tarefa de ser diretor espiritual da RCC, quando eu ainda era estagiário, e me dava muito apoio em tudo. Era muito prudente comigo, pedia-me para dar formação ao povo. Quando o Papa lançava algum documento, eu reunia as lideranças para estudar, fazia muita formação sobre dons e carismas.

Foi nessa época, inclusive, que lancei três pequenos opúsculos. Um sobre a missa por cura e libertação; o segundo, nessa mesma linha, sobre a misericórdia de Deus, a cura, a conversão; e um terceiro, sobre o Seminário de Vida no Espírito Santo.

Houve um tempo muito longo no qual se falou pouco sobre o Espírito Santo, talvez em razão de, nos primeiros séculos de existência da Igreja, terem ocorrido heresias de alguém que se passava por Ele e, em seu nome, fazia profecias. Assim, foi uma das pessoas da Santíssima Trindade que, por um momento, ficou em um canto, e deixamos de aproveitar e acolher as Suas riquezas. No entanto, agora era a época do Espírito, da novidade, dos carismas, da liberdade, da espontaneidade. Isso me trazia muita alegria, mas nunca pensei em fundar uma comunidade, apesar de tantas pessoas me pedirem isso. Eu encaminhava os jovens que tinham interesse.

Alguns, hoje, estão em Brasília, em São Paulo, em várias comunidades do Brasil. Eu acompanhava os que vinham conversar comigo. Rezávamos para ver a qual o tipo de carisma que Deus os chamava a viver. Eles passavam por um processo de discernimento, e, a partir disso, eu os encaminhava a determinada comunidade.

Enviei muitos jovens para a Comunidade de Vida. Nunca pensei em abandonar tudo para entrar em uma Comunidade de Vida. Sempre me vi padre, a serviço da Igreja. Não queria me restringir a uma vida de comunidade, mas admirava bastante, visitava colegas e sempre senti neles um testemunho muito verdadeiro. Padre Elias uma vez dissera-me sobre a seriedade com que os jovens das comunidades viviam a castidade, a pobreza e a obediência. Então, embora admirasse, nunca cheguei a dar nenhum passo nessa direção.

O senhor andou por bastidores em que muitos padres afeitos à RCC gostariam de ter adentrado. A título de exemplo, conviveu com Dom Alberto Taveira Corrêa, monsenhor Jonas Abib, padre Roberto José Lettieri, padre Marcelo Rossi, entre tantos outros. Como foi viver esse tempo na Renovação?

De fato, esse tempo que vivi como diretor espiritual da RCC levou-me a ter experiências muito profundas. Pude ir a muitos retiros em São Paulo, onde estavam as grandes lideranças. Conheci muita gente boa, e, desses contatos, vieram muitos frutos. Por exemplo, pude trazer Walmir Alencar, entre outros artistas católicos.

Ele fez um show muito bom, passou um final de semana comigo. Trouxe Eugênio Jorge também. É uma cidade muito pequena que, talvez, nem comportasse um evento tão grande, mas comportou. O povo das cidades vizinhas veio em massa.

As pessoas não acreditavam como eu conseguia levar nomes nacionais a fazer shows em uma cidade tão pequena. Era graça e obra de Deus.

Tive contato não só com esse mundo artístico da RCC. Conheci Eliana Ribeiro, padre Antônio Maria, padre Marcelo Rossi, monsenhor Jonas Abib. Fui, muitas vezes, à Canção Nova, fiquei na casa dos padres. Uma vez, fui assistir a um jogo do Brasil na casa de Dunga.

Foi um contato muito próximo com a Canção Nova e com as Comunidades de Vida. Pude ajudar a acolher a comunidade Shalom também, quando chegou a Patos. Foi um momento precioso.

A um congresso para famílias, em Patos, levamos Dom Alberto Taveira. Dali, nasceu uma amizade muito boa com um homem de um coração enorme. Convivemos durante todo o final de semana. À época, eu era vigário de Imaculada (PB), uma paróquia muito pequena. Depois, nos encontramos por aí, nos congressos. No último, almoçamos juntos, partilhamos um pouco a vida. Sempre mantivemos contato, conversávamos. Dom Alberto é um pai espiritual para todos que se aproximam dele.

Da mesma forma, o monsenhor Jonas Abib. Conhecemo-nos na RCC e nos encontramos em vários eventos. Na peregrinação que eu fui à Terra Santa, celebramos juntos, tiramos fotos. Eu sempre fui muito bem recebido na Canção Nova. Tive grandes oportunidades porque eu era diácono, então sempre proclamava o Evangelho. Fazia entrevistas, confissões na Casa de Maria, celebrei nas capelas internas. Foi uma experiência muito boa. Durante dez anos ininterruptos, visitei a Canção Nova e fui ao congresso da RCC. Levava sempre um grupo de senhoras da cidade em que trabalhava. Participávamos do congresso, depois íamos visitar Aparecida e fazíamos um pouco de caminhada espiritual nos caminhos do Frei Galvão.

À época, padre Roberto José Lettieri também foi um grande inspirador para muita gente. Ele se lançara em um projeto para recapitular e reconstruir a identidade franciscana perdida. E, de fato, fez uma grande obra. Infelizmente, depois disso, houve alguns problemas, mas foi um grande homem que evangelizou bastante.

Em padre Marcelo Rossi, vejo um brilho muito especial, pois enxergo na figura que está ao seu lado, o bispo Dom Frei Fernando Figueiredo, um homem excepcional. Outro dia, padre Marcelo disse-nos que ele mesmo e o bispo cuidavam dos afazeres domésticos. Isso me chamou muita atenção. Ele procurava levar uma vida de muita simplicidade, morando com um bispo franciscano. Logo que o Instituto Patrístico Augustinianum foi formado, esse epíscopo foi o primeiro do Brasil a conseguir a titularidade de doutor, em uma época em que as aulas eram dadas em latim e era tudo mais complicado. Ele fez sua tese sobre a antropologia de Irineu de Lyon. Mesmo sendo um homem de alta capacidade intelectual, sempre se mostrou muito simples, muito tranquilo ao convívio.

Hoje, as novas comunidades têm certo protagonismo na Evangelização. A Santa Sé tem pedido aos fundadores que enviem missões à Europa, continente que mais declina no anúncio do Evangelho. Como o senhor enxerga essas novas expressões na Igreja?

Enxergo como positivas. A Igreja precisa acolher as novidades que o Espírito Santo vai soprando. Quando estudamos a história da Igreja, vemos que, para cada momento, o Espírito Santo sopra algumas experiências e realidades.

As novas comunidades têm sido uma bênção nesse sentido de lançar as redes, de trazer novas pessoas para o interior da Igreja. Depois, elas chegam até a se engajar nas pastorais e na evangelização também. Hoje, as novas comunidades são também uma resposta eficaz para a juventude porque, depois que a Pastoral da Juventude (PJ) viveu um declínio, todo mundo se perguntava o que se faria pelos jovens.

Veio o Encontro de Jovens com Cristo (EJC), mas também com seus limites. Muito bom, tem ajudado bastante. As comunidades têm feito um trabalho de pesca e de resgate muito forte. São jovens que consagraram a vida, que estão vivendo lá dentro.

Tive a oportunidade de conhecer o Shalom em Fortaleza, em Patos e em Roma. As comunidades, no meu entender, são experiências muito belas, são o verdadeiro florescer de um jardim interno da Igreja. É a juventude buscando, com toda a sua força, a vida em Deus.

Na minha primeira paróquia, tinha muito contato com o Shalom, via que as comunidades precisavam do apoio de um sacerdote. Creio que eles têm o contato direto com o formador, mas acho que em toda diocese deveria haver um padre que tivesse condições de acompanhar. Eu nunca fui oficialmente diretor espiritual de comunidade nenhuma, mas o pessoal do Shalom sempre procurava minha casa.

Como eu morava em um local serrano, eles vinham a mim para retiro pessoal, aconselhamento e confissão. Havia, dentro da minha casa, uma capela com o Santíssimo, autorizada pelo bispo. Lá, eu celebrava missas, das quais eles participavam e, então, pude perceber a necessidade da presença de um padre que os acompanhasse de perto.

7. Vida afetiva

O teólogo italiano Amedeo Cencini afirmou que, no caminho vocacional, as crises são imprescindíveis para um autêntico descobrimento da vocação. Como o senhor se relaciona com as crises?

Eu vejo a crise como algo necessário e bom. Toda crise é sempre uma oportunidade para purificação. A palavra "purificação" vem do grego *pyrós*, que significa "fogo". Logo, toda crise é uma oportunidade de queimar em nós o que é supérfluo, o que é palha para que se sobressaia o essencial.

São Francisco louvava o fogo como matéria de purificação; inclusive, quando um médico tratou um problema ocular com uma queimação em seus olhos, ele fez uma oração louvando o fogo. Então, a crise é importante porque, diante dela, somos podados e prevalece aquilo que nos é essencial.

Aquilo que é casca, aparência, ilusão dá lugar àquilo que realmente conta na vida do cristão. Então, como dizia o profeta, tudo que construímos sobre a areia precisa ser destruído para erguer de novo o edifício, mas, agora, tendo todo um cuidado de construir acima de um alicerce firme.

A crise faz-nos enxergar nossas debilidades, nossos defeitos. Após sairmos dela, tornamo-nos melhores, mais maduros, crescidos e autênticos. É uma oportunidade de purificação; aponta-nos caminhos novos; é fonte de conversão, de mudança de vida. A Cruz é uma grande cátedra, através da qual Cristo nos ensina as sete grandes lições sobre a vida nas suas sete palavras.

Desse modo, as crises no seminário são inevitáveis. Eu nunca tive um conflito existencial grande, pois, desde muito cedo, comecei a batalhar pela vida, então era "obrigado" a tomar posições. No seminário, a crise que tive foi a crise do perdão. Tive alguns colegas que, a meu ver, traíram todo o ideal do Evangelho, e não me coloco como santo, mas sim como alguém que se sentira muito mal diante daquilo, logo me gerou uma crise. Não conseguia perdoá-los, mas Deus me ajudou a fazê-lo.

Nas minhas crises, procuro rezar, entender, desfrutar seu ensinamento. Em minha primeira paróquia passei por um momento assim, logo na chegada à cidade. Tive uma decepção com o povo, recolhi-me e fiquei uma semana pensativo. Procurei meu diretor espiritual, que me disse que não somos padres só em função do povo. O importante era ter clareza de que Cristo me chamara para aquela missão e Ele me daria forças. Já o povo, assim como nós, feito de carne e osso, vez ou outra, causaria decepções, mesmo. Não espere demais das comunidades, faça o seu papel como padre e aguarde a intervenção divina.

Essa questão da vida simples da primeira paróquia não me colocara em crise. Foi um sofrimento por que passei. Era o começo do ministério, não me revoltei nem achei que não houvesse o necessário na casa paroquial ou gasolina para o carro... Tudo isso, depois, foi resolvido.

Eu não me lamento pelas crises, pelos sofrimentos nem pelos momentos em que me sinto angustiado ou prestes a tomar decisões. Sei que há sempre o dedo de Deus e é uma oportunidade que Ele me dá para entrar para fazer algo novo. As crises são importantes porque elas descortinam um horizonte oculto. Saímos do plano ideal para o real.

O celibato é uma utopia?

Muitos pensam que o celibato é utopia. Eu não penso assim. Antes, observo como algo profundamente fecundo. Santo Antônio diz:

"No celibato, encontrei fecundidade; na obediência, encontrei liberdade e, na pobreza, encontrei riqueza".

Quanta coisa boa o celibato pode dar: o tesouro da oração sozinho, riqueza das viagens para conhecer novas expressões de fé, congressos para aprofundar a espiritualidade. Ele possibilita uma vivência muito livre, com a qual você possa exercer a função do seu ministério da maneira melhor possível.

O senhor conseguiria dar conta da vida pastoral se fosse casado?

Dificilmente seria possível dar conta do acúmulo de trabalhos pastorais, tendo uma família a quem precisamos dar muita atenção também. Acordo todos os dias muito cedo e, alguns dias, antes de o sol sair, estou tomando banho e já fazendo minhas orações. A vida de trabalho é intensa.

A paróquia em que estou atualmente, a título de exemplo, tem mais de trinta comunidades, muitas delas rurais e distantes, algumas tendo de celebrar ao menos duas vezes ao mês. Além disso, há reuniões e encontros formativos, a parte sacramental, os atendimentos e as aulas que ministro no seminário.

A vida de um padre é bastante corrida. Incluo, ainda, viagens, retiros e encontros de formação do clero que precisamos fazer. Penso que, para uma família compreender a vida de um padre, seria um pouco difícil.

Às vezes, precisamos passar dias e semanas fora de casa nesses encontros clericais, seria bem difícil para a esposa e os filhos compreenderem. Um padre, caso fosse casado, deveria ser um modelo de pai de família para a cidade. Sem dar tempo à família, talvez não pudesse sê-lo jamais.

Antoine de Saint-Exupéry, autor de *O pequeno príncipe*, fala sobre isso: "O tempo que dedicamos ao cultivo do jardim é o que o torna belo". Entendendo a citação dentro desse contexto, vemos que o tempo que dedicamos aos outros é o que torna a relação bela e fecunda. Sem dedicar tempo ao outro, a relação não se aprofunda, não ganha a transcendência que deve ter. A amizade e o amor não se transfiguram.

Respeito quem pensa diferente, mas presumo que seria, sim, muito difícil dar conta dos dois. Sei bem da participação de uma família, do bem que ela faz, a convivência com pessoas de todas as idades e de sexos opostos na mesma casa, mas também sei que o padre é um homem que precisa de silêncio para rezar, para se fortalecer.

Necessita de momentos sozinho para ler, contemplar a Palavra, preparar uma homilia bem-feita. Eu, muitas vezes, gasto cerca de duas ou três horas meditando a Palavra para preparar uma homilia. Não se trata de algo que poderia ser feito de qualquer jeito, em qualquer lugar, em uma sala dando assistência aos filhos enquanto assiste à televisão. Não seria a mesma coisa.

Vejo o celibato como uma antecipação da condição daquilo que vamos viver na vida eterna, quando não teremos mais outro desejo, a não ser contemplar Deus, nem outra satisfação senão a de estar na presença Dele. Estaremos totalmente satisfeitos. Não haverá angústia ou insatisfação por não termos uma vida sexualmente ativa.

A figura "Jesus" é apaixonante. O senhor não acha que o amor esponsal poderia ser a salvação do celibato? Questiono isso porque, quando se perguntou ao cardeal Ratzinger a causa de haver esta crise na Igreja, ele pontuou dois motivos: o primeiro relacionado à fraqueza humana; o segundo, à ausência de uma espiritualidade profunda.

Primeiro, de fato, a figura de Jesus é apaixonante, e, se o padre se integra na vida da comunidade e trabalha 24 horas servindo-a, não terá muito tempo para pensar em bobagem. Acredito que o padre é alguém que vive a serviço da comunidade. Não se trata de ativismo, mas de uma atividade organizada em sincronia com a vida de oração profunda. Quanto mais nos configuramos à semelhança de Jesus, mais nos tornamos castos, tranquilos em relação ao mundo. Creio também que compreendemos que nossa missão no mundo é sermos presbíteros, pai dos outros.

Sem dúvida, o celibato ancora-se na beleza do Cristo, no desejo de ser parecido, no configurar-se à semelhança Dele, o homem livre por excelência que a Bíblia diz que, mesmo tendo os pés lavados e enxugados por cabelos, o que, na época, culturalmente, era considerado um tipo de sedução feminina, não se deixara seduzir. Como afirma São Paulo na Carta aos Gálatas, "Ele não participou do pecado, mas também pisou no solo da fragilidade humana com muito respeito"[16]. É assim que devemos fazer. Quando nós, padres, recebemos uma palavra de sedução de alguém, devemos agir com respeito total e saber compreender o outro na sua vulnerabilidade.

Esse amor esponsal seria a salvação para o celibato? Creio que ele será sempre posto em xeque pela sociedade, a qual não o compreende. No entanto, na visão dos santos padres, é a antecipação de uma realidade futura espiritual.

Eu faria uma lista de alguns itens importantes que ajudariam a viver bem o celibato: amizade com famílias boas e equilibradas, a vida de oração e o amor esponsal. É claro que se fala muito sobre esse amor, mas Raniero Cantalamessa, interpretando o texto "Eu sou a videira e vocês são os ramos", fala de outro amor que seria mais profundo que o amor esponsal, chamado de amor vital.

No amor esponsal, o esposo não depende da esposa. Se ela morrer, ele continua vivo; mas, no amor vital — isto é, quando eu dependo, como ramo, da árvore —, se eu for apartado dela, vou secar e morrer. Então, quanto mais estiver unido integralmente, interiormente, profundamente a Cristo, mais condição terei de viver o celibato. Isso seria chamado amor vital, o qual contempla todas as outras dimensões. Muitos santos viveram as dimensões do amor *esponsal*,

---

16. Cf. II Cor 5, 21.

do amor *filia* (amizade profunda com Deus), do amor *ágape* (amor construído a partir de estrutura muito mística).

O amor, na verdade, é uma escada que tem vários degraus. Os gregos falavam sobre isso. Ele vai aumentando, amadurecendo, e vamos entendendo que o amor começa com o amor dependência, que suga, que aproveita o outro, que não se entrega e, ao mesmo tempo, não colabora. Há muita gente vivendo ainda esse tipo de amor com Deus.

Depois, esse amor passa para uma segunda fase, em que compreende a poesia exatamente pela beleza estética e interna. Com isso, vai dando esses saltos. Ele tem dez degraus que se completariam com o amor vital.

Somente o amor esponsal não seria a saída, mas também o amor ágape, o amor vital, o amor no qual dependemos de Cristo para sobreviver. Aquela parábola seria ideal para falar sobre isso. Eu sou a videira, e meu Pai é o agricultor[17]. Se estivermos unidos a Ele, não vacilarmos na oração, na leitura da Palavra, estaremos firmes. Seremos tentados, mas não vencidos.

É preciso entender que sempre haverá problemas. Desde o começo da história da Igreja, encontramos pessoas que não conseguiram viver o celibato. Depois, na Idade Média, houve um mergulho em situações muito mais graves nesse sentido.

Então, como compreender tudo isso? A grande questão é a seriedade com a qual se deve viver essa dimensão afetiva. É preciso ser livre 24 horas para servir o Evangelho. Muitas vezes, durmo tarde, acordo de madrugada para estudar, preparar pautas para palestras e encontros. Seria muito difícil conciliar isso com a educação de filhos, com os cuidados que se devem ter em uma casa.

O cardeal cita a fraqueza humana como uma das causas da crise na Igreja. Isso é algo que nos acompanha e está relacionado à história da pessoa, de todo o alicerce, dos costumes da vida, dos exemplos

---

17. Cf. Jo 15, 1.

de pai e mãe. Eu conheci um jovem de uma comunidade que queria muito viver o celibato, mas ele não tinha estrutura porque fora apresentado ao sexo muito novo, quando levado por seu pai a uma casa de prostituição.

O segundo motivo reverberado pelo cardeal, o qual corroboro, é a ausência de uma espiritualidade profunda, que vá às raízes da vida da Igreja, da Bíblia, da patrologia; uma espiritualidade que procure mesmo se enraizar naquilo que dá profundidade às nossas escolhas. Com dizia Dom Gerardo: "Se você não conseguir ser casto, seja ao menos cauto".

Se nós quisermos vencer o dragão, sem frequentar o deserto, perderemos a batalha. O dragão procura entrar pelas cinco portas dos sentidos. Jesus disse à Samaritana: "Tivestes cinco maridos e o que tem, não é teu. Vivestes muito tempo para os sentidos e, agora, tu deves viver para algo que vai além do sentido, vai para outro matrimônio, a união com Cristo"[18]. E, assim, ela redescobriu a sua vida em um encontro ao meio-dia, a hora mais quente, porém, a mais clara. Um encontro muito verdadeiro, sem subterfúgios.

Então, o que falta aos celibatários para vivência harmônica, leve e compromissada desse voto?

Cristo dá uma dica muito importante: se seu olhar é puro, tudo é puro ao seu redor. Seria trabalhar aquilo que, na teologia dos antigos, João Cassiano chama de *puritas cordis*; seria trabalhar a pureza do coração. Ele bebe da teologia de Evágrio Pôntico, copia parágrafos inteiros sobre esta *puritas cordis*.

Jesus diz: "Bem-aventurados os puros de coração, porque verão a Deus"[19], porque terão visões espirituais, verão coisas que outros não são capazes de enxergar. Então, ter uma pureza de coração é fundamental; buscá-la no olhar, na vivência com os outros. Isso é fruto de

---
18. Cf. Jo 4, 18.
19. Cf. Mt 5, 8.

uma grande consciência, de uma vida de oração, de saber que nós, padres, temos uma missão diante do povo, que nós não podemos ser como o profeta comenta no Antigo Testamento, "como maus pastores que se alimentam das ovelhas", mas devemos buscar alimentá-las.

Nossa fragilidade acompanha-nos. Devemos todos os dias pedir perdão a Deus por elas; devemos evitar ocasiões de pecado e rezar, entregando-se totalmente a Deus, intentando alcançar um coração que não seja dividido entre muitos amores, mas que haja um amor mais forte que movimente todos os nossos atos e todas as nossas decisões.

Talvez aos celibatários falte maturidade humana. O seminário falha algumas vezes na sua missão. Falta ao padre, às vezes, a compreensão de que ele precisa de ajuda, um psicólogo, sobretudo quando ele está caindo, descendo ao poço; falta humildade em procurar um diretor espiritual. Nenhum padre deveria viver sem um diretor espiritual. Todos nós precisamos disso. Falta-nos mais vida de oração, relação com famílias muito estabelecidas, bem vividas e resolvidas. É isso que nos falta para viver bem o celibato.

Creio que entre nós, padres, deveria ter mais ajuda; grupos de vivência com os quais pudéssemos rezar, conversar, porém a própria estrutura da Igreja não facilita isso. Uma coisa é você se reunir para rezar e conversar sobre a vida; outra coisa é se reunir para jogar conversa fora e beber. Creio que grupos de vida que se reúnam para meditar a Palavra, rezar, partilhar a vida seriam uma boa saída para a caminhada sacerdotal, a qual é muito solitária. Se você tiver um colega com o qual divida a sua vida e ele tiver seriedade de viver o celibato, você estará bem acompanhado. Não existe receita pronta para viver o celibato; existem boa vontade, os conselhos do Evangelho, a força da oração, e, assim, cada um vai lutando com as armas que tem e que a Igreja oferece.

Como o senhor vê o clero daqui a algumas décadas?

Um clero mais maduro. Vejo as coisas com otimismo, pois estamos fazendo um pouco daquilo que podemos para termos padres melhores. Eu atendo no seminário, sou diretor espiritual, faço aulas em latim, e, pelo menos em nível Brasil, todos temos trabalhado no sentido de formar um clero mais maduro.

O mundo exige muito mais do clero nos dias de hoje, então devemos corresponder; seja pelo estudo, com homens mais exigentes do ponto de vista intelectual consigo mesmos, ou do ponto de vista afetivo, com homens mais carinhosos com as pessoas e capazes de viver sua paternidade espiritual.

Nós vemos, infelizmente, às vezes, paróquias paralisadas porque o padre procura viver o celibato mas se torna rude, árido, infecundo e grotesco, não fica de bom humor, não trata bem a ninguém, então a paróquia se esvazia. Dizia Dom Francisco Austregésilo, falecido há alguns anos: "Ninguém é ordenado para ser vaqueiro; somos ordenados para ser pastores".

Vejo um clero, no futuro, mais equilibrado, mais ciente da sua missão. O celibato é fruto de uma vida esponsal com Cristo e de uma união vital com Ele, logo tudo aquilo que Cristo é, Ele passa a ser em mim.

Portanto, celibato deve ser vivido como doação, entrega total a Deus, com liberdade na alegria; sem isso, não dá para falar que é celibato. Eu creio que devemos pedir a Deus muito equilíbrio e força para que a vida ambígua não seja prática comum a nós. As pessoas esperam de nós muito mais paternidade, acolhida nas suas dores e dúvidas.

8. O ministério episcopal

Santo Inácio de Antioquia, que o senhor conhece tão bem, asseverou: "Onde está o bispo, aí está a Igreja". O senhor pôde conviver, durante estes vinte anos, com alguns bispos, não só em sua diocese natal, mas em algumas partes do mundo. O que o ministério episcopal lhe ensinou?

De fato, pude conhecer grandes bispos, não só na Diocese de Patos, como também fora dela. Em Roma, Dom João Bráz, o cardeal O'Malley e outros grandes cardeais. Conheci Dom João Costa quando ele ainda era padre. Fiz boas amizades.

Estive com essas pessoas em encontros e em outras circunstâncias. Conheço Dom Alberto Taveira e temos uma bela amizade. Dom Paulo Jackson não foi meu reitor, mas sim meu professor de história de Israel. Um grande professor! Lembro, perfeitamente, a dinâmica tão única e autoral dele. Sou muito agraciado por ter conhecido esses grandes nomes e tantos outros ao longo da vida.

A Palavra já nos diz que um bispo é alguém que vê longe, não no sentido geográfico, mas em uma perspectiva diferente das demais. Vê além do óbvio, pois enxerga a finalidade das coisas. Além disso, é uma imagem paterna muito forte dentro da Igreja; representa o grande pai de cada diocese.

No fundo, todos vivemos em busca de um pai: a saudade do Paraíso de Adão e Eva está no inconsciente coletivo de toda a humanidade, a qual busca, desesperadamente, a reconciliação e o reencontro com Ele.

O senhor chegou a conhecer o primeiro bispo de Patos, Dom Expedito Eduardo de Oliveira?

Na verdade, apesar de não ter convivido com ele, conhecia a sua fama de santidade, simplicidade e zelo com os pobres e com o povo, em geral. Minha mãe conta que, certa vez, precisamos de livros, e ele nos ajudou. Era um homem caridoso, santo e humilde.

Dom Gerardo foi seu primeiro bispo, enquanto leigo e também enquanto sacerdote. Quem foi esse homem para o senhor?

Dom Gerardo foi um grande mestre. Em primeiro lugar, um mestre da espiritualidade. Rezava todos os dias em sua capela, e os frutos eram notórios. Aquilo me encantava!

Ele era muito verdadeiro. Quando sentia que falava a verdade sem caridade, imediatamente parava. Em seu livro, escreveu justamente sobre esse aspecto: "Se fui pequeno ao lhe ofender, permita-me ser grande para pedir desculpas". Ele sabia que seu temperamento forte, às vezes, dificultava as relações. Saiu de Petrolina por ter tido algumas divergências com forças políticas. Mas era um homem muito bom, de oração, de boa vontade e generoso.

Quando eu era um padre novo, recordo-me bem da situação precária da cidade de Imaculada, uma paróquia pobre. Ele me chamava na Cúria, assim como a outros padres, e nos entregava um envelope com intenções de missa. Independentemente de seu temperamento, era um grande pai, muito ciente e lúcido de tudo o que acontecia na diocese.

Para mim, foi um grande exemplo! Modelo de oração e de intelectualidade. Fazia pregações muito bonitas. Sua retórica era perfeita, a ponto de não nos deixar perceber o passar do tempo, nem se levasse uma hora pregando. Demonstrava um zelo pastoral, estando sempre presente com o povo nas visitas pastorais.

Quando adoeceu, eu estava em Fortaleza. Fui até lá, segurei sua mão, amparei seu choro. Alguns dias depois, faleceu. Sou muito grato pela amizade que tivemos. A figura de um bispo é de autoridade, inspira um respeito muito grande. Representa um apóstolo, um sucessor dos doze apóstolos.

Ele foi alguém que me ensinou muito sobre a vida. Uma das lições é que o termômetro, para entender como anda a vida do povo, é o confessionário, através do qual se conhecem as questões familiares, a relação com as autoridades etc.

Sempre que fazia visitas pastorais, dedicava 90% do tempo às confissões, o que era bastante proveitoso. Tinha fama de ser um ótimo confessor, deixando o povo ansioso pela sua chegada. A sabedoria de escutar as pessoas, sobretudo os mais pobres, de entender o que se passava, tudo isso superava aquele temperamento forte.

Além de um grande mestre espiritual, intelectual, que gostava de estar com as pessoas, também era ótimo administrador. Quando faltava alguma coisa na diocese, em tempo de crise, por amor a ela, sempre vendia algum bem familiar para doar. Poderia citar muitos outros pontos sobre ele, mas estes me fazem contemplar a grandiosidade daquele homem.

Certo dia, ele me pediu para ir cedo até a sua casa, para trocar uma quantia em dinheiro que recebera de outro bispo. Ainda estava escuro e toquei sua campainha. Então ele me disse: "Pedi que você chegasse cedo, mas como chega de madrugada à minha casa? Virgem Maria! Que coisa horrível! O jeito será eu te dar café" [*risada vigorosa*].

Desde novo, enquanto leigo, já o acompanhava nas homilias e crismas. Como sacerdote, também, por um bom tempo. Ordenou-me em 1999. Salvo engano, em 2000, tornou-se emérito, mas, mesmo assim, continuou na diocese.

O senhor já revelou, em público, que o bispo cearense, apesar de muito exigente, era um homem muito paternal.

Sim, de fato, era muito paternal. Pelo modo de confessar as pessoas, percebíamos isso. Uma proximidade grande. Normalmente até abraçava as pessoas. A confissão era um dos seus pontos fortes.

O senhor poderia contar alguma anedota de Dom Gerardo?

Certa vez, estávamos em Palmeiras, e eu dirigia um carro da paróquia. Ao tirá-lo da garagem, o cano de escape soltou, e o automóvel parou de funcionar. Dom Gerardo disse-me: "Virgem Maria, que coisa horrível. Que motorista triste! E agora, padre Fábio?" [*imitando a voz de Dom Gerardo*].

Arrumei uma caminhonete. Além de mim e ele, havia uma senhora e o motorista. Ficamos espremidos, mal conseguíamos respirar. Então perguntei ao Dom: "E agora, como vai ser essa viagem?". Ele caiu na gargalhada. Todos começamos a rir. Foram quase dez minutos assim [*risos*]. A precariedade fazia-nos gargalhar descontroladamente.

Quando chegamos a casa, já havia uma pessoa nos esperando. "Esse motorista é muito fraco", disse ele sobre mim, ao rapaz que estava nos esperando. E eu sempre rindo. Na hora de sair, o motorista de Dom Gerardo bateu o carro na parede da garagem. Rimos muito.

Ele tinha um lado muito brincalhão. "Me considere, meu bichinho", ele costumava me dizer. Entre os bispos, entre todos, era muito querido!

À época, apesar de ser criança, lembro-me bem das cenas do enterro de Dom Gerardo, alguém muito importante para a Diocese de Patos. O senhor recorda-se daquele dia, de como o clero recebeu a notícia? Como foi ter de conviver com a perda de alguém que tanto marcara a diocese?

A morte é sempre um episódio chocante. Acompanhei alguns outros enterros na diocese, como o do padre José Fernandes (padre

Duda). Dom Gerardo ficou muito nervoso, a ponto de tocar no cálice e derramar o sangue de Cristo no altar. Havia um padre, dentro do caixão, que derramara seu sangue por Cristo, por amor à Igreja [*voz emocionada*].

Costumo me emocionar sempre que falo sobre isso. Alguns dias antes, estávamos em uma reunião e se colocou uma música instrumental para a oração. O padre Duda pedira que, quando morresse, tocasse aquela música em seu funeral. A música tocara o dia inteiro... [*voz emocionada*].

Lembro como sendo hoje quando padre Espedito, ao fim da Santa Missa, cantou a música "Canção sacerdotal" e toda a Igreja chorou. Foi um momento forte e emocionante.

Dom Gerardo dizia sempre: "Se vocês virem que vou morrer, não gastem fortunas para tentar salvar minha vida. Minha vida foi bela, já fiz e vivi bastante. Cumpri minha missão". Em muitas pregações, ele falava sobre a morte, sobre viver e morrer com dignidade.

Depois de um longo período de doenças, internado, ele chegou a óbito. Fora uma notícia muito triste para nós. Eu fiquei na incumbência de preparar a chegada do corpo à cidade. Nós o recebemos no carro dos bombeiros, na entrada de Patos.

Houve uma grande comoção. Pessoas simples vinham até o caixão, choravam. Muitos diziam que haviam perdido um pai. Naquela noite, o clero rezou ao redor do caixão. No outro dia, houve as Laudes; a manhã correu com o velório, e houve a grande Santa Missa, à tarde, com Dom Matias Patrício, um grande amigo de Dom Gerardo. A pregação dele foi uma das mais belas que já ouvi sobre a morte.

Logo após a missa, veio o sepultamento, um momento bem forte. Todo o clero e a cidade chorando pela perda de um bispo que tanto marcara a diocese e a vida local. Seu ministério e sua despedida foram igualmente belos.

Outra morte marcante para a cidade de Patos foi a do padre José Lopes. Ele foi um grande mártir do altar. Era vigário da catedral.

Certa noite, após a missa das 19h, ao chegar à porta de casa, sofreu um infarto fulminante. As limitações decorrentes da diabetes mexiam muito com seu emocional, no entanto era muito querido por toda a cidade. Lembro que fui à catedral e havia pessoas prostradas perto do caixão, alegando terem perdido um pai. Ali, eu vi que, de fato, a vocação de um padre é ser pai. Foram três mortes que me marcaram muito.

Em dezembro de 2001, o Papa João Paulo II nomeou Dom Manoel dos Reis de Farias para substituir o irmão de Dom Paulo Eduardo, em Patos. Qual foi o primeiro contato e a primeira impressão que teve do orobense, recém-chegado a terras patoenses?

Houve uma grande expectativa. Juntamos uma comissão de padres para conhecer Dom Manoel, o qual, quando fora nomeado, estava na Diocese de Nazaré. A primeira impressão foi muito boa. Ele nos acolheu muito bem. Conversamos bastante, almoçamos e rezamos.

Depois, aprendi com Dom Manoel que o ministério episcopal é belíssimo e de muita entrega. Ele recebera ajuda, pois, de origem humilde, não possuía recursos que pudesse utilizar. O começo foi sofrido, mas logo montou uma equipe para ajudá-lo com o setor financeiro e, então, fortaleceu a diocese.

Dom Manoel era rigoroso na prestação de contas. Fazia uma reunião mensal, em que esclarecia todas as questões para o clero.

Éramos próximos. A comunidade humilde da minha paróquia nos uniu muito. As pessoas vinham para a missa descalças; as crianças, sem camisa. Era um povo muito simples, mas com bom comportamento e que considerava a Igreja uma segunda casa.

No dia do aniversário dele, em vez de celebrar para grandes autoridades, ligou-me, dizendo que queria passar a data na comunidade, em Santa Maria Madalena. O bispo celebrou a missa. Uma senhora preparou o jantar, e então comemoramos lá mesmo.

Era uma comunidade bastante difícil, próxima à grande zona de prostituição, em que circulavam drogas. Uma vez, interrompemos a missa devido a um tiroteio na região.

Entre uma folga e outra, eu o convidava para visitarmos um sítio onde se faziam mel e produtos caseiros. Algumas vezes, ele foi comigo. Era muito dado às pessoas; conversávamos com elas, visitávamos o engenho, almoçávamos e, à tarde, voltávamos para casa.

Com Dom Manoel, pude aprender muito. Todos temos limites, fraquezas, mas, se eu elogiei Dom Gerardo, com todas aquelas virtudes, diria também que as minhas palmas para Dom Manoel são muito efusivas. Padre Elias, ao falar sobre ele, usou a seguinte paráfrase: "Ele aceitava sofrer, mas não fazia ninguém sofrer; aceitava ser constrangido, mas não constrangia ninguém. Era um homem que aceitava morrer, mas não tinha coragem de matar" (no sentido figurado). Ele era visivelmente entregue ao Evangelho, e isso me encantava muito!

De que forma Dom Manoel alcançou seu sacerdócio?

Vi em Dom Manoel um homem muito frágil de saúde, mas de uma espiritualidade muito forte, além de ser muito humilde. Aproximei-me mais dele do que de Dom Gerardo e me coloquei a seu serviço.

Residindo na sede da diocese, muitas vezes, ele chegava de surpresa para conversar; outras vezes, eu o convidava para jantar comigo. Uma figura muito agradável e simples, que, aonde chegava, só acrescentava!

Mesmo depois de ter ido embora, eu sempre o visitava. Foram momentos muito bons e marcantes. Ele sempre vinha à casa dos meus pais. Passavam horas conversando. Nossa amizade era mesmo muito frutífera.

Ajudei-o com a questão da administração da Rádio Espinharas, que, à época, estava passando por um grande endividamento, assim como o fundo de manutenção para o clero, destinado ao cuidado com os padres idosos e os doentes. Admirava-o muito e estava sempre disposto a ajudá-lo com o que fosse preciso.

Certa vez, Dom Paulo Jackson disse-me em Roma: "Dom Manoel é um grande bispo. Aquilo que ele não consegue alcançar ou fazer, confia aos padres; e eles o fazem. Justamente porque ele se deixa ajudar, é um grande bispo".

Por fim, em 2012, com a transferência do seu antecessor, o Papa Bento XVI nomeou Dom Eraldo da Silva para ser o quarto bispo de Patos. O primeiro contato que o senhor teve com ele foi em Roma?

Não, o primeiro contato foi aqui, no Brasil, mesmo. Quando Dom Eraldo chegou, acompanhei tudo pelo rádio, pois eu estava em Roma. Foi no começo de 2013 e, no meio do ano, eu vim de férias. Marquei uma audiência com ele em sua casa, levei um livro de presente, conversamos bem descontraidamente. Tive uma ótima impressão. Voltei para Roma por volta de setembro. Dom Eraldo também estava lá, devido ao curso de bispos novos. Então, encontramo-nos novamente, eu, ele e padre Luciano. Foi um contato muito bom!

O senhor poderia ressaltar uma característica de Dom Eraldo?

Uma característica forte dele é o aspecto missionário. Um homem inquieto pelo Evangelho, que busca o "cheiro das ovelhas". A visita pastoral missionária que ele fez em Tavares deixou marcas muito positivas. Fora uma semana, na qual o povo pôde conviver com ele.

Os papas também são bispos. Quais sumos pontífices o influenciaram?

Pude vislumbrar, no meu ministério, a figura dos papas. João Paulo II arrebatava multidões. Pelo tanto de tempo passado, pelo trabalho tão forte que fizera, pensávamos que ele era insubstituível. O final de seu ministério foi bastante sofrido; um final de calvário, de dor, de doença.

Aquela cena dele, na varanda, tentando falar, sem conseguir, foi muito forte para todos nós. Era um homem totalmente entregue ao Evangelho, só foi calado pela doença, a qual era decorrente, como todos sabemos, do atentado.

Se não tivesse acontecido, ele teria saúde para ir além. Ele era o Papa da juventude, da alegria, da criatividade, do contato com o povo.

Quando recebi a notícia do seu falecimento, estava visitando famílias. Parei, por um instante, e mandei tocar o sino. Celebramos uma missa na intenção. Estávamos todos esperando, ansiosos, para saber quem seria o novo Papa. Veio Bento XVI, o qual fez muito bem à Igreja.

Tive a graça de visitá-lo, de tirar fotos e, sobretudo, de beber daquela fonte. Era um dos grandes teólogos da Igreja. Marcava não só pelos ensinamentos da teologia, mas também por sua sensibilidade.

Ao final da vida, vendo a saúde declinar, teve a grandeza de renunciar ao papado. Eu diria que não há como medir a grandeza de uma atitude como aquela. Alguém que não estava pensando no ministério como poder, espaço, pedestal ou coisa assim; ao contrário, pensava ser o ministério um grande serviço à Igreja. Ainda hoje, continua servindo de maneira bela: decidiu que seus últimos anos serão para leitura e oração pela Igreja. É um grandioso presente que ele pode nos oferecer.

Quais atributos não podem deixar de existir em um bispo?

Eu não me sinto à altura para responder coisas do tipo. Cristo é o pastor por excelência, e o Evangelho dá-nos as grandes lições. Diria, como disse o Papa Francisco: "Quem sou eu?". Falarei do ponto de vista de um padre, não a partir do que eu acho que deveria ser, mas baseando-me nos ensinamentos da Bíblia e da patrística.

A primeira coisa que preciso dizer é que um bispo é um pai. Um documento antigo da Igreja, a *didaskalia*, elaborado por epíscopos da chamada Ásia Setentrional, tem uma parte belíssima que explicita: "Depois de Deus, o bispo é meu pai e minha mãe". No bispo, não podem faltar características de pai e de mãe.

A paternidade está muito relacionada ao cuidado, ao zelo, à proteção das ovelhas. Quando se fala nisso, entram, evidentemente, a questão da pregação e a do profetismo, incluindo o elemento de consolar as pessoas, de estar perto delas. Não há como exercer paternidade sem proximidade.

Creio que, se o bispo tiver a mentalidade de poupar-se enquanto os outros sofrem, as coisas não fluirão. Essa não é a dinâmica adotada por Jesus. O Antigo Testamento diz: "Quando os pastores não forem bons, Deus tirará das mãos deles, e Ele mesmo tomará conta do rebanho".

Partindo desse pressuposto, espera-se de um pai proteção, consolação, profetismo, administração. Somos, como Igreja Católica, uma instituição muito respeitada que goza de muito crédito diante do povo, devido à nossa transparência. Isso não pode ser perdido jamais.

No quesito administração, creio que o bispo deva fazer o possível para ter bons contatos com todas as instituições, mas sem se deixar vencer por acordos que fortaleçam a pessoa dele ou até sua Cúria e que, na verdade, enfraqueçam a força do Evangelho. Para que isso não ocorra, deve evitar alguns acordos políticos. Parcerias sociais até podem ser cogitadas. A princípio, a força dos primeiros cristãos estava no testemunho e não no dinheiro, no poder, nas potências humanas.

Dentro dos pontos que citei sobre as características de um bispo, entra a correção fraterna, que é muito difícil. Ela só é, de fato, fraterna, se for construída com o desejo explícito de fazer o outro crescer. Fui acostumado por Dom Gerardo a ir à casa dele, a conversar e a tomar um suco. Depois, veio Dom Manoel, que sempre queria marcar uma audiência na Cúria, mas eu preferia que fosse na casa dele. Quando recebo alguém em casa, o sentido é de que estou acolhendo aquela pessoa no que é meu, em um ambiente que possa gerar fraternidade. O bispo, considerando-se pai, com muita verdade, há de fazer uma correção fraterna.

Ele deve ser alguém muito acessível, tanto ao clero quanto ao povo. Quando o Papa Francisco assumiu, no primeiro encontro que teve com os bispos, ele instruiu: "Quando um padre ligar para você, atenda na hora. Se você não puder, retorne logo. A primeira função do bispo é cuidar dos padres, que são colaboradores e também filhos". Quando transformamos o episcopado em uma função de distanciamento, sofrem o bispo e o povo. Os leigos e nós, padres, devemos ajudar o bispo a atingir essa liberdade interior.

Quando um bispo ou um padre servem a uma comunidade, cogitando outras possibilidades — o padre em tornar-se bispo, e o bispo em tornar-se membro de um outro cargo —, prejudicam a comunidade. Papa Francisco diz sobre isso: "Quando um bispo está em uma diocese, mas olhando para outra, podemos assemelhá-lo a um marido, casado, mas que cobiça a mulher dos outros".

Acredito que todo pai precisa ser amado, admirado e respeitado. À medida que se constrói uma relação boa, pode-se dizer que alguém é amado. Não acho legal que um bispo diga que não quer amizade com ninguém, que quer apenas administrar, cada qual para um lado, assumindo uma postura de distanciamento e autoritarismo. Creio que viver uma vida solitária já é difícil, e escolher viver sem nenhuma amizade seria um calvário desnecessário, não tem nada a ver com o Evangelho. Agostinho diz que o amor é fruto do conhecimento, por isso acredito que, se um bispo der a conhecer a diocese e também aceita ser conhecido, ele certamente será muito feliz e admirado.

Essa admiração deve vir do clero e do povo, de modo que possam reconhecê-lo como um homem bom, cujo coração foi moldado pelo Evangelho. Além de amado e admirado, deve ser respeitado. O respeito à figura do bispo é fruto da fé, mas também é algo cultivado. Ele precisa dar-se ao respeito, caso o queira de volta. O tempo não oferece condições, mas o bispo também é alguém que se encontra com os padres não só para o trabalho, mas para o lazer e o diálogo tranquilo.

O aspecto materno de um bispo é o que se refere à acolhida, ao afeto e à sabedoria. É um pai com todos esses sentidos que citei, mas também é uma mãe. Isso representa a certeza de que eu posso contar com ele a qualquer instante, caso tenha algum problema ou dificuldade. Nós, padres, gostaríamos sempre de sentir isso, vindo da parte de um bispo. É por isso que se espera dessa figura uma maturidade moldada pelo Evangelho.

Um dos grandes cardeais da Itália, Carlo Maria Martini, escreveu um livro bem interessante sobre o episcopado para os bispos novos. Ele conta sua rotina, a vida de oração, o convívio com as pessoas, o trabalho pastoral. É claro que não existe um modelo, o único e maior de todos é Cristo, mas há bispos que foram muito bem-sucedidos e podem, de alguma maneira, ajudar os outros a pensar e a viver bem a vocação.

Aliás, essa é a vocação mais difícil dentro da Igreja. Por vezes, acontecem coisas que fazem os bispos sofrerem muito. São comportamentos de leigos e padres que não estão comprometidos, fazendo a vida do bispo tornar-se um grande calvário. Sua bondade é tida por ingenuidade, e ocorrem coisas que não deveriam.

Repito: o bispo deve ser alguém acessível e modelo de virtudes para a diocese, para o povo. As pessoas esperam dele (do padre também) alguém que saiba acolher, que, por onde passe, deixe marcas, cure feridas. Esperam que sua passagem seja como a de um rio e que ele esteja sempre comunicando a beleza da fecundidade de Deus.

9. O misterioso retiro de Ars

Completados dez anos como sacerdote, o senhor se deu alguns presentes. Quais foram?

Dei-me três presentes: uma biblioteca boa, com livros de altíssima qualidade, os quais sempre quis ter, um jantar e uma viagem para fazer um retiro em Ars. Foram minhas economias em dez anos de padre, que eu gastei em seis meses [*risos*] porque comprei passagens para a Itália, fiz a biblioteca e a minha festa. Não tive dúvida de que valeria a pena, porque a vida é passageira e era um momento muito importante para mim. Então, investi tudo. O retiro em Ars foi maravilhoso. Havia pessoas de alto nível, com as quais pude trocar ideias. Foi uma experiência de aprendizagem significativa.

Se fosse hoje, teria sido bem mais proveitoso pela quantidade de línguas que falo e consigo compreender. Sou fluente em italiano, até pelo tempo que passei na Accademia Vivarium Novum. O latim e o grego antigo são línguas com as quais me comunico bem, além das línguas modernas, o francês e o espanhol.

O senhor já tinha essa intenção de visitar Ars?

Creio que todo padre tem o grande sonho de conhecer Ars, o lugar onde viveu o patrono do clero. Eu não pensava em como e quando iria, mas Deus tem os seus planos e, em um retiro da Canção Nova, Ele me tocou dizendo que eu iria viajar para a França, mas eu não sabia para onde, especificamente.

No ano seguinte, recebi um convite para o retiro internacional dos padres. É interessante porque Deus preparou cada detalhe dessa viagem. Eu estava vivendo um momento muito bonito da minha vida espiritual, lendo bastante os Monges do Deserto, os Padres da Igreja e buscando muito essa espiritualidade que nasce da Palavra de Deus. Quando veio a ficha de inscrição do Escritório Nacional da Renovação, imediatamente eu me inscrevi.

Quando digo que tudo foi preparado por Deus, é porque, de fato, foi. Primeiro, fui à França sem saber uma palavra do idioma; sem essa preparação cultural, que era importante que houvesse. Programei-me para passar alguns dias na Itália. Fiquei uns dias no Pio Brasileiro, onde conheci muitas pessoas maravilhosas. De lá, peguei o voo para a França.

Ainda na Itália, aconteceu uma coisa curiosa. Havia naqueles dias a Visita *ad limina* do Regional Nordeste III, inclusive Dom João Costa, um grande amigo, que era um bispo recém-ordenado e estava no encontro dos bispos novos, tinha uma audiência marcada com o Papa e tinha direito a levar alguém. Fui até o Papa Bento. Foi uma experiência muito boa. Depois, viajei com os bispos para San Giovanni Rotondo, em um dia inteiro de viagem e convivência. Ali, nasceu uma amizade com alguns bispos muito bons. Vivi dias muito intensos de fé e de oração. Fui a Assis e a outros lugares belíssimos também.

Como foi esse encontro com o Papa?

Foi um encontro muito cheio de mística. Tinha muita vontade de conhecer o Papa Bento. Fomos à casa do Castel Gandolfo. Alguns bispos foram de van. Como não havia mais vaga, fui de trem até certo ponto e, depois, tomei um táxi. Chegando lá, perguntaram-me em que língua eu queria falar com o Papa, e como, à época, eu não sabia falar outra língua, escolhi o português.

Ele foi muito atencioso, pegou em minha mão e perguntou para onde eu estava indo. Disse-lhe que estava indo para o Retiro Internacional dos Padres, e ele respondeu que já havia preparado uma conferência para iniciar o encontro.

Nós tiramos várias fotos. Ele, com uma serenidade muito grande, que transmitia uma paz profunda, deu-me um terço e nos despedimos. Foi um encontro maravilhoso que me marcou muito, embora tenha sido rápido. No primeiro momento, eram as fotos e, em seguida, o secretário saía, e o bispo ficava com o Papa para fazer uma explanação de como estava a sua diocese.

O que o senhor viu quando olhou nos olhos do Papa?

Eu vi muita serenidade, profundidade, segurança, ternura. Um homem muito cheio de Deus, que se encontrou dedicando a vida ao Evangelho. Foi um encontro muito valioso!

Como se deu a comunicação, se o senhor não tinha fluência na língua francesa?

Sempre fui muito comunicativo e, no avião, puxei assunto com um padre de *clergyman*. E, com meu pouco inglês, tentei aproximar-me. Perguntei-lhe quais idiomas falava. Além de francês, ele falava inglês e português. Então, começamos uma amizade que foi muito proveitosa, porque ele me ajudou muito.

Quando descemos em Lyon, ele me orientou na questão do transporte, embora houvesse uma comitiva que nos levaria de lá a Ars. Ao chegarmos, ficamos em um hotel, onde encontrei um padre que morava no Pio Brasileiro, padre Antônio Moreno, que sabia um pouco de francês. Então, aproximei-me dele e passeamos bastante. Não me faltou nada, até carne de bode eu comi na França [*risos*].

Hospedei-me em um hotel muito bom, e foram dias de intensa oração. Aconteceram coisas muito interessantes, como, por exemplo, algo que eu nunca esperava na vida: rezar uma missa de costas e em latim. Existem várias capelas no interior da Basílica de São João Maria Vianney, e, devido ao público de diversas nacionalidades, aconselha-se a quem for rezar naqueles altares menores que o faça em latim. Como em dias de semana a homilia é facultativa, propus um instante de silêncio, até porque o português não é uma língua muito conhecida.

Vi muita coisa bela. Houve o momento do retiro em que tivemos a chegada do pedaço cortado do coração de São João Maria Vianney. Depois, em outro momento, foram as relíquias de Santa Terezinha que chegaram. Foram dias de intensa oração. Era um ambiente muito bem preparado, com os auscultadores, através dos quais era possível selecionar o seu idioma. Ouvi tudo em português, mas fiquei muito admirado com a capacidade de falar francês do cardeal Cláudio Hummes, que fez uma palestra muito bela.

Ainda hoje, trago essa palestra na memória. Fiquei muito encantado com a organização do encontro, com a convivência entre padres de diversas nacionalidades, todos buscando a santidade. Houve o dia do lava-pés, em que se reproduziu o ato com pessoas desconhecidas. Fizemos grupos de doze, simbolizando o encontro de Cristo. Lavamos os pés com água, simbolizando, como disse Santo Agostinho, a ajuda ao outro.

Encontrei vários padres brasileiros. Éramos 1.400, de mais de cem países. A primeira conferência era com o Papa, gravada anteriormente. Pudemos refletir sobre várias dimensões do sacerdócio, com o auxílio de um cardeal mais preparado que o outro.

Para minha grande alegria e surpresa, estava caminhando em um lugar de grama muito bonito quando vi um homem com uma roupa franciscana. Aproximei-me e perguntei, com o meu pouco inglês, se ele era franciscano. Respondeu afirmativamente, dizendo que era o cardeal O'Malley. Sugeriu que falássemos português, haja vista minha limitação com outros idiomas. Conversamos bastante, perguntei muitas coisas sobre a vida e as grandes questões da Igreja nos Estados Unidos. Ele me falou muito sobre o amor ao Brasil.

Esse foi um dos dias que passei em Ars. No entanto, foram muitos, conhecendo padres e bispos do mundo inteiro. No segundo ou terceiro dia do encontro, chegou Dom Alberto Taveira. Ele me viu e correu ao meu encontro para me abraçar. Encontrei muita gente. Foram encontros de aprofundamento belíssimo. O cardeal de Viena nos deu um conselho que eu demorei a colocar em prática, mas do qual nunca me esqueci. Ele disse: "Padres, entrem na internet; tomem conta desse portal, porque a internet precisa ser um mecanismo de evangelização e tem muita gente a usando mal". Sempre tive medo da bendita, mas acabei entrando depois.

Aquele encontro foi muito especial na minha vida, pois me permitiu estar diante do corpo de São João Maria Vianney, ver aquela arca bonita com o coração dele, tirar uma foto ao lado de Dom Alberto e dos padres do Brasil. Juntando todos, éramos uns trinta padres brasileiros.

Apenas dois bispos que não eram cardeais tiveram oportunidade de falar: Dom Alberto e um bispo dos Estados Unidos. Houve uma palestra com Emmir Nogueira, sobre os grandes desafios da vida afetiva do padre.

Foi uma semana muito plena. Passávamos o dia na Basílica. Organizaram-se uns dormitórios com colchonetes, onde podíamos nos revezar nos cochilos. Deitavam uns cem padres; depois se levantavam e vinham outros. Era uma coisa até muito engraçada [*risos*]. Embora tudo tivesse sido preparado com muito carinho, devido ao grande número de padres, havia certa insuficiência de estrutura.

Foi uma semana na qual também conheci algumas coisas próprias da França: as obras da Editora Sources Chrétiennes, os escritos dos Padres do Deserto, chamados apoftegmas, que eu comprei e são bilíngues, de um lado grego e do outro francês. Adquiri os três volumes e pude conhecer esse mundo da patrística. Atualmente, tenho 540 volumes dessa coleção, que já passa de seiscentas obras sobre os Padres da Igreja, os Monges do Deserto, os escritores eclesiásticos antigos e obras de relevância da Antiguidade, que ajudam a pensar o contexto cristão. É uma das maiores coleções do mundo.

Uma das belezas que eu conheci naquele encontro foi a Comunidade das Beatitudes. A música foi algo que me atraiu muito, pois eles cantavam como se fossem anjos descidos do céu. Naqueles dias, vi o quanto, de fato, a música pode levar o homem a Deus. As orações eram feitas em latim, com alguns momentos nos quais as línguas eram valorizadas. Por exemplo, um padre fazia a prece em chinês; outro, em alemão; e, assim, valorizavam-se todas as línguas e os continentes.

No dia do retorno ao Brasil, eu estava muito cansado, pois havia sido uma semana de retiro intenso. Por isso, pedi na recepção que me avisassem quando o ônibus que levaria os padres ao aeroporto chegasse. Acabei dormindo e perdi o transporte. Fui até a portaria e, mesmo sem falar francês, pedi que me chamassem um táxi. Foi uma verdadeira aventura. Imagine andar por ali, sem saber falar a língua deles.

Por que este retiro em Ars foi tão importante para o senhor?

Primeiro, porque foi preparado e anunciado por Deus. Fui ao retiro para vivê-lo como um momento de fortalecimento e reafirmação de todo o meu ministério. Foi muito importante pela quantidade de conteúdo que pude aprender, pela convivência com grandes mestres da espiritualidade, cardeais, pessoas preparadas, monges, gente de todos os lugares do mundo. Eu era um padre novo, cheio de medos e muito tímido, mas meus medos e minha timidez nunca me impediram de fazer o que tinha de ser feito. Se Deus me pediu que eu fosse para Ars, eu fui, sem ter muito o que pensar.

O retiro foi promovido pela Renovação Carismática?

Foi um encontro promovido pela Congregação para o Clero, com a ajuda da Comunidade de Beatitudes, ligada à Renovação Carismática, que coordenou a parte da música. Não era um encontro promovido diretamente pela RCC, mas pela Igreja, para todos os padres que quisessem fazer uma semana de retiro em Ars, com o objetivo de aprofundar e de fortalecer a sua vocação, à luz da vida do padre São João Maria Vianney.

Inclusive, o reitor do seminário deu uma palestra belíssima, contando detalhes sobre a vida de São João Maria Vianney. Uma das coisas que achei interessante foi que o povo, em Ars, fez vários abaixo-assinados para tirar o padre São João Maria Vianney, assim que ele chegou. Um deles, ele assinou também [*risos*]. Perguntaram-lhe se ele assinaria, ao que ele respondeu: "Sim, se não me querem, também não vou insistir". Isso foi logo no começo. Depois, as pessoas começaram a descobrir o segredo da sua santidade, e tudo mudou.

Outra coisa interessante é que, muitas vezes, ele tentou fugir da cidade, porém algumas pessoas o resgatavam, com a carroça e seus pertences. São histórias bonitas sobre a vida de São João Maria Vianney, um homem que comia muita batata [*risos*], e o demônio aparecia-lhe, com frequência, chamando-o de João das Batatas, como forma de crítica. É uma história belíssima que o reitor da Basílica pôde contar em detalhes. Foi uma das pregações mais belas e demoradas, que guardei para recordar esse momento que marcou a minha vida.

O senhor já falou sobre haver quatro amores indispensáveis ao padre. Quais são eles?

Na época em que fiz dez anos de padre, o prefeito da Congregação do clero era o cardeal Cláudio Hummes, mas o cardeal Arinze escrevera uma obra que se tornara muito conhecida entre os padres. Na época, eu era da Pastoral Presbiteral, comprei um pacote com vários volumes para distribuir e dar a cada padre.

O cardeal Arinze, de maneira verdadeira, discorreu sobre algumas questões muito práticas da vida sacerdotal. Creio que vale sempre a pena voltar àquele livro, pois ele me ensinou muito sobre a vida sacerdotal, provocando reflexões muito necessárias. Uma das coisas que o cardeal Arinze trouxe foram alguns conselhos e os chamados quatro amores indispensáveis à vida sacerdotal.

O nome da obra é *Reflexões sobre o Sacerdócio — carta a um jovem padre*. Um dos trechos que mais me chamou a atenção trata das companhias. Ele dizia algo muito forte: "Os padres devem escolher muito bem as companhias, inclusive dentro do clero, porque nem todo padre serve para viver uma bela amizade".

Com o tempo, pude compreender que isso era verdade. Ninguém é melhor que ninguém, mas as escolhas são individuais. Os valores que alguém alimenta não são os mesmos. É preciso firmar as convicções. Existem amizades, inclusive dentro do clero, que podem prejudicar profundamente.

Segundo o cardeal Arinze, o primeiro amor do padre deve ser o amor a Cristo, que nasce do desejo de configurar-se a Ele e se alimenta na adoração ao Santíssimo, na contemplação, passando pelo Evangelho e observando os vários mistérios da vida Dele. Aprendemos, aos poucos, que não fazemos as coisas apenas pela comunidade, fazemos porque amamos a Cristo, em seu nome, pois a comunidade decepciona, assim como nós também nos decepcionamo uns aos outros.

O segundo amor é o amor à Sagrada Escritura. São Jerônimo a comparara ao leite materno, que se oferece à criança sempre que ela tem fome. Assim é a Palavra. Devemos recebê-la várias vezes durante o dia para podermos crescer, assim como o alimento materno que é composto por nutrientes que combatem bactérias e fortalecem o sistema imunológico. Precisamos do leite da Palavra para nos fortalecer no combate contra o mal.

E esse leite materno é o mais puro porque sai diretamente do seio da mãe para o filho. É a essência da mãe, assim como a Palavra está na essência de Deus. Pela Palavra, o homem chega ao conhecimento de quem Ele é, por isso é tão importante meditar nela e ter a confiança de um filho que está sendo amamentado.

Hoje, a ciência diz que uma mãe, quando amamenta o filho, não deve ficar olhando para o lado nem assistindo televisão. Ela deve prestar atenção e olhar nos olhos do filho para gerar confiança. Quando estamos nos "amamentando" da Palavra de Deus, estamos nos seus braços, sabendo que a Ele pertencemos e que Dele recebemos os cuidados necessários para progredirmos na fé e na caminhada espiritual. Portanto, sendo amamentados, recebemos a substância necessária para a formação correta e forte das estruturas do corpo. Sem o leite materno, a criança cresce com uma saúde frágil e debilitada.

Agostinho também fez uma colocação muito interessante, afirmando que, assim como nós temos medo de deixar a Eucaristia cair no chão, também devemos ter muito medo de deixar que a Palavra de Deus caia por terra, ao não praticarmos aquilo que o pregador disse.

A Palavra é um grande amor na vida do padre. Como diz São Jerônimo, o sacerdote deve começar e terminar seu dia com uma leitura da Bíblia. Papa Francisco tem insistido que a última luz que deve ser apagada na casa do padre é a luz do Santíssimo, não a luz de um computador ou da televisão. Pode ser também a luz do abajur, utilizado para ler a Sagrada Escritura. O certo é que o padre deve preservar um grande amor por ela e fazer uma leitura contínua, com aprofundamento e meditação. São Tomás de Aquino dizia que a Palavra de Deus precisa ser lida, compreendida, refletida, vivida para, depois, ser pregada.

Nos primeiros séculos, os padres não tinham devoção popular. Não havia terço, ofício, novena, nada disso. Alimentavam-se da Palavra e passavam horas fazendo a *lectio* divina. Eu, nos últimos dez anos como padre, tenho dedicado muito tempo à leitura da Palavra de Deus, assim iniciando todos os meus dias, na medida do possível. Porque sei que ela, assim como Cristo, precisa ocupar a centralidade na minha vida. A Palavra é inspirada pelo próprio Deus, que é autor de todos os livros. Santo Antônio, por exemplo, sabia de cor todos os Evangelhos.

Certa vez, uma senhora escreveu uma carta a São Jerônimo. Ela era esposa de um sacerdote pagão e lhe disse que queria educar a filha no Cristianismo. Em sua carta de resposta, ele lhe falou muito sobre o amor de Deus e que a pessoa deveria ler um Salmo ao acordar e antes de dormir para, aos poucos, decorá-los, como faziam os judeus.

O segundo amor é à Palavra de Deus, porque ela é o tesouro que poda. Quando Cristo fala, por exemplo, no texto da árvore que é podada para que produza muitos frutos, a tesoura que poda o homem é a Palavra[20]. Raniero Cantalamessa a compara a um espelho porque, quando nos olhamos diante dela, podemos ver quem nós somos e quem deveríamos ser. Enxergamos o homem perfeito que é Cristo e vemos em nós todas as arestas que precisam ser cortadas, para que nos assemelhemos ao homem por excelência, que é Cristo.

O terceiro amor do sacerdote é o amor à Igreja, que é o corpo místico de Cristo. Também a comunhão com todos os colegas e com o bispo. Muitas vezes temos que abrir mão de vontades nossas para que haja comunhão na Igreja.

Santo Agostinho dizia que, muitas vezes, não compreendia por que a cabeça é muito humilde e o corpo é tão arrogante. A cabeça é Cristo, e nós somos o corpo arrogante. A cabeça e o coração pensam e amam de um jeito, mas o corpo quer agir de outro. O amor à Igreja deve ser algo muito profundo na vida do padre. Esse amor o leva a celebrar a liturgia da maneira mais zelosa possível; leva-o a se desgastar, assim como a vela queima no altar. Acordar cedo, dormir tarde, pregando o Evangelho, visitando famílias, sempre com aquele refrão no coração: "Meu cansaço, que a outros descanse". Que a minha luta e o meu cabelo branco tenham tido uma razão, um fundamento, que seja Cristo.

---

20. Cf. Jo 15, 2.

O quarto amor é o amor à Virgem Maria. Um bom padre, aquele que deseja viver obedecendo aos mandamentos, cultivando valores cristãos, deve saber que é impossível fazer isso sem uma devoção enraizada a Ela.

As pessoas que me conhecem sabem que, sempre que vou viajar, levo uma imagem da Mãe Rainha na bolsa. Não é um ato supersticioso; é porque, ao chegar aos lugares, tiro a imagem e a coloco em cima do birô. Muitas vezes, chegamos a um local ou hotel que não tem nem um símbolo.

Um ícone é sempre uma janela. Eu levo de casa uma janela, por meio da qual enxergo a eternidade e o plano de Deus para o homem porque, em Maria, realizou-se em primeiro lugar o que Deus fará por toda a humanidade. Eu já levo de casa essa janela para que não esqueça que tenho mãe, que não sou órfão; sou filho de uma Igreja que não é órfã. Eu tenho um colo, alguém que zela por mim de dia e de noite; um manto de proteção que me acompanha.

Recordo-me de que muitas vezes, no seminário, nos momentos de crise, eu imaginava o travesseiro como se fosse o colo de Maria. E eu rezava, chorava, pedindo a Deus força para resistir às dificuldades. Pensava em como eu estava carente daquele colo que me devolve a alegria e a vida, que me tira o cansaço, fazendo-me acreditar na bondade das pessoas, na pureza, no amor. Como eu gostaria de experimentar o colo da Virgem Maria.

Dentro desses quatro amores, entra a questão da vivência, do estilo de vida, segundo o Evangelho. Aqueles três grandes conselhos colocam o sacerdote em um patamar de uma experiência muito profunda. Ele vive no meio dos homens, mas com o coração no Alto. O celibato é a vida já na conformidade com os anjos. A simplicidade/pobreza é a bem-aventurança dos livres. A liberdade daqueles que vão conviver na Jerusalém Celeste, onde as coisas que, aqui, têm tanto valor, serão muito relativas, já que diz, no Apocalipse, que as calçadas e pedras serão de ouro, e ninguém vai querer arrancar e levar para casa, porque os valores serão outros.

Abandonamos o que é passageiro e damos a devida importância ao que é definitivo. A obediência e a capacidade de ouvir trazem crescimento e amadurecimento. Quem não sabe ouvir é arrogante e viverá como alguém que não consegue desenvolver o seu potencial.

O sacerdote deve viver e agir com simplicidade, à semelhança de Cristo; viver a castidade. Seu papel é de pai, que não chamará a atenção das ovelhas pelo seu corpo, mas pela sua pregação, integridade e firmeza de caráter.

O padre deve ser um homem de oração, de testemunho. Uma vez, um sacerdote confessou-me que subia em uma pedra, estendia os braços pela cidade e rezava pela comunidade. Muitas vezes, faço isso no meu quarto. Rezo por todas as situações, pelas famílias que me pedem oração e pelos casos mais complicados. Um outro aspecto que o cardeal Arinze colocou em seu livro é a questão da fé. O padre é um homem de fé, um homem zeloso com as coisas de Deus, um amigo, na verdade. Não deve haver nele ambiguidades, subterfúgio, loucura ou jogo de interesses.

No filme *Calvário*, um dos melhores a que assisti nos últimos anos, é marcante a cena em que o padre mais velho chama o mais novo de sem integridade, dizendo não entender como ele conseguia conciliar essa característica com o sacerdócio. Interessante que o padre diz isso ao outro à noite e, de manhã, o mais novo já está com a bolsa feita, por não suportar aquela palavra tão dura.

Muitos padres vivem uma crise não por conta do ministério, mas pela medida rasa com a qual o vivem. A crise não é porque o celibato é difícil, e sim porque nunca se esforçaram para dar um salto mais alto ou uma passada mais larga. A crise é pelo padre que a pessoa é, o qual não tem bastado à comunidade.

O sacerdote é um homem que experimenta a Cruz em tudo. Depois que comecei a pensar e viver esses quatro amores, aprendi que todos os outros tornam-se relativos. Às vezes, mendigamos coisas tão pequenas, fazemos papel de Esaú: trocamos a grande herança por um prato de lentilhas. Trocamos a dignidade sacerdotal por algo qualquer. Essa reflexão é muito oportuna hoje. É preciso dar valor e respeitar o seu lugar na Igreja. O sacerdote é um outro Cristo na vida da comunidade, a qual espera que ele seja capaz de ir até a Cruz, de sofrer, de dar a vida em prol de todos, através do martírio branco no dia a dia.

Eu fiz um retiro com esse livro do cardeal Arinze. Tinha pouca experiência, e essa leitura ajudou-me a entender muito sobre a vida do padre, que vive todas as dificuldades que Cristo viveu. É fácil ser padre com Cristo nas bodas de Caná, quando tudo é festa, quando se transforma água em vinho, quando há danças e se tocam flautas. Difícil é viver a crise de atravessar o mar para ir pregar aos pagãos; difícil é ouvir a voz de Cristo quando ela nos inquieta e nos manda fazer o que não queremos, como no caso de São Francisco, que desceu do cavalo e beijou o leproso, chegando a vomitar depois, segundo seus biógrafos.

Ele fez o que não queria, mas realizou a vontade de Deus na sua vida. Então, é fácil ir com Cristo para o jantar na casa de um Zaqueu; difícil é estar com Ele no Monte das Oliveiras, suando sangue. É fácil estar com Cristo na festa na casa de Lázaro, quando uma mulher lhe vem banhar e perfumar os pés. É fácil entrar com Jesus em Jerusalém, aclamado no meio de uma multidão, mas é difícil segui-Lo de madrugada, quando os soldados vão prendê-lo. Nesse momento, um dos discípulos foge nu, pois prefere ser visto sem a sua dignidade, isto é, volta à condição de Adão, que, nu, esconde-se de Deus e das pessoas. Não é fácil seguir Cristo em todos os momentos. Às vezes, escolhemos certas páginas da Bíblia que são mais fáceis de serem vividas e deixamos as outras de lado. O sacerdócio é um abraço na Cruz.

Existe um modelo ideal de padre?

Há escritos antigos sobre a vida sacerdotal que são muito atuais. As regras pastorais dos antigos Padres da Igreja, os escritos de São João Crisóstomo e de Santo Agostinho, muitos livros e cartas apresentam reflexões profundas sobre esse tema.

São Jerônimo foi secretário do papa Dâmaso e era muito influente em Roma. Certa vez, um bispo, Nepociano, pediu-lhe que escrevesse uma carta sobre a vida sacerdotal, seus valores e posturas do dia a dia. Seus escritos causaram-lhe um grande problema posteriormente. Ele foi caluniado, começou a ser perseguido e malvisto pelos romanos. Com a morte de Dâmaso, precisou sair da cidade, por não encontrar mais apoio e proteção.

Ele era simples e sincero. Na carta, eu destacaria alguns pontos. Inicialmente, o fato de o sacerdote ser considerado um homem da Palavra. São Jerônimo aconselha que os padres preparem bem as homilias; não se apresentem no altar sem terem uma base de leitura da Palavra ou um esboço do que querem dizer ao público, podendo levar por escrito, como fazia Santo Agostinho.

Um segundo ponto é a importância de que o testemunho do padre tenha coerência com aquilo que ele prega. São Jerônimo disse que seria vergonhoso o sacerdote estar pregando algo que pudesse ser constatado por alguém que é diferente do que ele vive.

O terceiro ponto é o cuidado com os exageros, sobretudo, em relação à bebida. Ele afirma a importância de um padre não ser um homem dado ao vinho.

Outro ponto seria, ainda, um cuidado com as amizades. Abro um parêntese para dizer que Evágrio Pôntico chega a sugerir que o padre não tenha ninguém dentro de casa, como uma cozinheira, por exemplo. Quanto à comida, que ele almoce fora de casa ou ele mesmo cozinhe. Não é que a presença feminina possa influenciar negativamente, não. Para ele, o padre deve ter uma casa com silêncio absoluto para que possa meditar a Palavra e não a confundir com assuntos e preocupações externos.

Um próximo ponto seria o desprendimento. Jerônimo falou de alguns padres que acompanham enfermos, em Roma, esperando receber algo material, como a herança de alguém que está morrendo. Ele posiciona a reflexão como algo importante e que, inclusive, funciona para nós hoje. Devemos viver uma vida com simplicidade. O apóstolo Paulo diz: "Aquele que tem, que possui, viva como se não possuísse"[21]. É uma orientação bem interessante e forte.

Para Jerônimo, a vida de oração também é um ponto fundamental. Ele aconselha aos padres que procurem rezar. A oração faz-nos muito maduros na fé.

---

21. Cf. I Cor 7, 30.

10. A cidade eterna

O senhor chegou a Roma em agosto de 2010. O que o motivou a ir morar fora do seu país?

Quando era seminarista, cogitei a possibilidade de morar em Roma, mas sempre fui muito apegado à minha família. Eu sabia que a capital italiana tinha algo profundo a oferecer a qualquer padre. Lá, estão a sede do papado, igrejas importantes e o túmulo dos apóstolos Pedro e Paulo. É o centro da fé.

Tinha certo receio de conversar com minha família a respeito, pois não sabia qual seria a reação. Até que um dia, com três anos e meio em uma paróquia, na sede da minha diocese, cheguei a casa para almoçar, e meu pai me parou na sala de jantar e me disse: "Meu filho, já não é hora de você parar suas lutas aqui, no Brasil, para estudar fora?". Apesar de ter sido criado em um sítio, meu pai tinha uma mentalidade avançada.

Era tudo o que eu queria ouvir. Minha mãe, porém, estremeceu. Ela não esperava que meu pai dissesse algo do tipo. Tivemos uma longa conversa sobre o assunto. Ele dizia que, se por acaso ele morresse nesse ínterim, já que era idoso, que eu não viesse ao sepultamento, para não atrapalhar em nada. Mas graças a Deus, quando ele morreu, eu estava presente.

Planejei-me, falei com Dom Manoel, e ele reagiu contrariamente, alegando que a diocese não tinha muitos padres e que não daria certo. Pensei, rezei e vi que havia, sim, muitos padres. Então, falei com o bispo novamente: "Dom Manoel, sei que o senhor precisa muito de mim. Estou em uma paróquia, tenho funções na diocese de relativa importância, como a Rádio Espinharas, dirijo o Fundo de Manutenção do Clero, ajudo a cuidar dos padres idosos". Ele me disse que pensaria mais sobre a possibilidade.

Certo dia, convidei o bispo para celebrar a Santa Missa comigo em uma comunidade, e, ao fim, ele me chamou na sacristia e disse que meu pedido tinha sido aceito. Recomendou-me escrever uma carta solicitando uma bolsa de estudos a uma instituição alemã, e assim foi feito. Houve uma pequena demora na questão dos documentos, mas tudo se encaminhou. Minha bolsa fora aceita e, então, viajei.

Como foi o primeiro contato com o velho continente?

Já havia conhecido o velho continente, por ter estado lá, no ano anterior, fazendo um retiro, e, em 2007, em uma visita. Já conhecia um pouco, por isso não foi um contato tão surpreendente.

Alguns impactos, vamos sentindo ao longo do tempo, como a questão do idioma. A língua italiana é parecida com a brasileira e a espanhola, porém, por mais parecida que seja, é sempre uma língua estrangeira. Fiz um curso intensivo para que pudesse aprender a ler e escrever em pouco tempo. Lembro que o curso deixava a rotina bem puxada porque, bem após o café, eu já precisava fazer os exercícios. Foram cem horas de carga horária em um mês. Ainda fiz um curso na mesma universidade, por sentir que meu italiano não era tão bom.

Além dessa questão, eu ia trabalhar com línguas antigas e, traduzindo para o italiano, seria muito importante ter certo domínio da gramática. Hoje, acredito que dei a curva dos quatro elementos completa sobre a língua, que são: escrever, compreender, falar, ler/pensar.

Em Roma, um padre tem um *status* de coroinha de estola, devido à grande quantidade de padres. Ali, concentram-se muitas pessoas estudando. Não raro, até encontrava bispos e cardeais nos ônibus. Alguns números de pesquisa apontam 3 mil padres na região, fora aqueles que estão lá em vista de estudos.

Eu também morei na Europa. Por menos tempo que o senhor, mas sei que não se pode ser mais o mesmo depois de viver por aquelas terras. O que mudou no senhor?

O europeu me ensinou muito. Os italianos, ao menos os que conheci, ao pegarem um exercício, eram como "um pé de bucha" agarrado a uma árvore; não soltavam por nada. É um povo muito comprometido.

Também atribuo a eles a franqueza. Não faziam nada para agradar. Caso você estivesse mentindo, talvez fosse melhor parar por ali mesmo ou fugir deles. Leandro Karnal falou, em um dos seus livros, algo verdadeiro: os italianos não enrolam muito ao dizer algo. Se não quiserem ou não puderem ir a um lugar, não inventarão desculpas.

Roma modificou muito minhas concepções sobre a Igreja. Aqui, temos uma visão de que ela representa a Igreja que vive somente da tradição, mas não é bem assim. As paróquias que visitei lá eram todas muito bonitas e organizadas, mas os padres viviam com muita simplicidade. Nas paróquias onde trabalhei, lembro que as empregadas domésticas apenas faziam faxina. Os padres preparavam a própria comida. Não havia luxo.

A Europa mudou bastante a minha cabeça justamente pelo fato de ser, realmente, um coroinha de estola. Não havia carro nem secretária. Era uma vida muito simples. E eu fui bem consciente de que estaria lá para viver como um estudante mesmo, sem amparos, andando a pé, sem luxos. Passei a lavar e engomar minhas roupas, a varrer e arrumar meu quarto. Lembrava-me muito da minha vida enquanto seminarista, quando eu tinha apenas o básico.

Essa experiência faz-nos sair do centro das atenções, para ser um com os outros. A Europa trabalha muito a questão do funcionamento do cérebro e do coração. Nós nos tornamos mais objetivos, compreensivos, comprometidos e disciplinados.

A cidade de Roma é uma aula de arqueologia e história da Igreja a céu aberto. O curso que fiz sobre patrologia também me ajudou muito a entender mais sobre a Igreja e sobre o ser humano.

A Europa em si mudou muito minha cabeça e meu coração. Tornei-me um padre muito mais sensível com as pessoas, com os pobres, muito mais humano. Devo muito ao tempo que vivi lá. Foi uma experiência frutífera e gratificante.

O senhor, oriundo do interior do Nordeste brasileiro, foi morar em Roma, com uma cultura extremamente diferente. Quais eram suas maiores saudades e dificuldades?

O Pio Brasileiro ajuda-nos a não sentir tanta saudade do Brasil. Lá, faz-se uma comida mais ou menos brasileira. No colégio, existem dias para comer arroz, feijão, ovo frito, mais conhecido como "bife do olhão" [*risos*]. Existem algumas comidas daqui que são até difíceis de encontrar lá, a exemplo do limão. A culinária italiana e o modo de preparo, de maneira geral, encantaram-me muito. Eu pensava que sentiria muita saudade da comida, mas aprendi e consegui adaptar-me à gastronomia local.

Tive muita saudade de voltar a ser pastor outra vez. Por mais que lá eu pudesse ajudar paróquias, não era a mesma coisa. Quando você tem contato com uma comunidade, as pessoas o procuram, pedem aconselhamento, choram. Há um "cheiro de ovelhas" muito forte.

Nas duas paróquias que frequentei, houve muito espaço para ter contato com as pessoas. Pude almoçar ou jantar na casa de alguns. Esse foi um ponto bem positivo. O jeito afetuoso com que o brasileiro se expressa foi algo de que senti saudade. A Europa é um lugar belíssimo, de pessoas muito gentis, mas que expressam um olhar de "desconfiadas". Com a aproximação, isso melhora, mas o processo é bem demorado. Além disso, há em nós certo receio em relação às nações ricas, por acharmos sempre que somos inferiores.

Houve a questão da dificuldade financeira também. Economizei um pouco quando estive no Brasil, mas a conversão para o euro torna tudo mais caro.

Com relação à metodologia de estudos, também sofri um pouco. Aqui no Brasil, não se falava muito a respeito. Hoje, ao contrário, é mais tratado do que antes. As escolas querem cobrar conteúdo, mas não querem ensinar ao aluno como ler, como fazer uma revisão ou quais os métodos utilizar. Lá, lutei para entender, mas consegui.

O senhor trabalhou em algumas paróquias na Itália e na Alemanha. Como se dava o desenvolvimento das atividades nesses lugares?

Deus me deu a graça de ir a muitos lugares. Tenho de agradecer às pessoas gentilíssimas do Pio Brasileiro, onde imperam a gentileza e o bom trato. Os padres que vão para lá já vão cientes de que sairão pessoas melhores para servir à Igreja.

Trabalhei em algumas paróquias. Na Itália, foram duas as que mais me marcaram. Quando se chega àquele país para estudar, ao fim do ano existe a possibilidade de ir para as paróquias não só pra treinar e praticar italiano, mas pra exercer um pouco mais do ministério. Após quinze dias das festividades de fim de ano, as faculdades retomam as atividades. Por não estar tão seguro com a fluência no idioma, um amigo que morava na Alemanha convidou-me a passar meu tempo de recesso lá, pois existiam paróquias cuja língua em questão era a portuguesa.

Lá, a diocese dispõe de um padre para a referida língua. A paróquia é alemã, mas há horários de missa com a comunidade de uma língua específica. Disponibiliza-se o salão para reunir grupos também.

Fui à Alemanha viver essa experiência e pude provar um pouco da Igreja naquela localidade. Não fiquei restrito à missão na língua portuguesa, visitei muitas pessoas de Portugal, almocei com famílias, bati papo. Pude viajar com o padre Toninho, que me indicara a ida até lá. Passei aqueles quinze dias e gostei bastante, por isso ainda retornei àquele lugar para passar mais um igual período.

Trabalhei em uma paróquia na Itália, próxima à Veneza, a qual me marcou muito. O estilo dela era muito aberto. O padre, apesar de ter certa idade, era muito alegre e realizado como sacerdote, e já havia trabalhado aqui no Brasil, inclusive falava português muito bem. Vivi experiências muito frutíferas ao lado de outros dois padres.

As atividades desenvolviam-se da seguinte maneira: confessávamos e, às vezes, ajudávamos nas missas. As paróquias da Itália não têm uma atividade pastoral viva como as do Brasil, embora existam alguns movimentos.

Aprendi muito com as paróquias da Europa sobre ter paciência. Após o café, sentava no confessionário e só levantava para almoçar. Depois, só levantava para o jantar. Não é algo tão leve passar quinze dias em um serviço como esse, afinal os costumes do Brasil são de que façamos isso no período da quaresma.

Existem alguns serviços na Europa que são oferecidos aos padres, como confessar em santuários, que recebem pessoas que estão apenas de passagem. Particularmente, nunca fui; preferia ir a paróquias, por achar que criava mais laços com as pessoas. Inclusive, com algumas famílias, criei uma ligação bem positiva. Ainda hoje, mantemos contato.

Estive em duas paróquias, a de San Polo di Piave, com padre Luccio, e a da Sacra Famiglia, em Piacenza, cujo pároco era padre Ângelo. Ele era um amor de pessoa, muito dócil, uma figura extraordinária, um homem bom! Estar nesses lugares foi, além de gratificante, muito positivo, pois pude nutrir grandes e boas amizades.

Depois, veio a última paróquia, onde trabalhei com monsenhor Fausto na Diocese de Piacenza. Havia um padre de Recife, padre Josué, que tinha ido passar férias e me pedira para substituí-lo. Quanto mais se sabe a língua, mais experiências surgem; o leque de amizades aumenta e as possibilidades também.

No começo, por exemplo, eu celebrava sempre lendo o papel, inclusive a homilia. Depois, criei desenvoltura e não mais precisei desse auxílio. Caso eu volte à Itália, atualmente, voltaria com bem mais tranquilidade para conviver com as pessoas.

Em 10 de fevereiro de 2013, o sumo pontífice da Igreja, depois de 598 anos, renunciou ao ofício apostólico, o que foi efetivado no dia 28 do mesmo mês e ano. Como o senhor recebeu a notícia?

Estava estudando em meu quarto, quando recebi a notícia por alguns meios de comunicação. Ninguém acreditava que o Papa havia renunciado. Evidentemente, ele estava sofrendo pressões internas. Houve a questão do escândalo do vazamento de informações e, vez ou outra, apareciam outros também. Existia alguém que não era de confiança lá dentro e que foi preso no Vaticano. Acredito que foram tempos bem difíceis para o Papa.

Ele percebia que, com o passar do tempo e com a idade avançada, estava sem forças para fazer o que precisava ser feito. É muito importante que reconheçamos quando esse momento chega. Há coisas que hoje, aos 45, não posso fazer como fazia aos 12 anos.

Quanto ao governo, era necessária uma administração. Trata-se de ter energia para ir aonde as pessoas estão e discutir sobre questões de pastoral, teologia. Tudo isso é um grande desafio.

O que aquele ato comunicou ao mundo?

Encaro como um ato de sabedoria. Com aquela renúncia, ele deu uma lição ao mundo, por mais que alguém pensasse que ele tinha sido eleito por ser político ou que queria o poder a todo custo. Na contramão disso, ele ensinou que o poder é serviço. Quando você sente que é o momento em que outra pessoa pode fazer melhor do que você está fazendo (não por você não saber), quando sua saúde não permite mais, como era o caso dele, é digno renunciar. Foi um gesto nobre que abriu caminho para que outras pessoas tivessem a mesma coragem.

Apesar de inesperada, a renúncia comunicou a todos nós que o poder resume-se somente à necessidade e à importância de servir. Além disso, ensinou que cargos e funções não nos pertencem, pois são passageiros. Assim como nós estamos exercendo determinada função, em outro momento outras pessoas também poderão fazê-lo. Assim é a Igreja de Cristo.

O senhor morava no Pio Brasileiro, colégio sediado em Roma pela CNBB. Havia uma promessa muito forte da imprensa de que o Papa poderia vir a ser o cardeal arcebispo de São Paulo, Dom Odilo Pedro Scherer. Como os presbíteros brasileiros conviviam com as apostas jornalísticas e vaticanistas?

Naqueles dias, após a renúncia do Papa, Roma pegou fogo. Era repórter do mundo inteiro, dizem que havia mais de 3 mil. Os colégios onde havia cardeais cotados eram muito visitados. Aquele em que eu estudava, por exemplo, era um deles. Vi o Gerson Camarotti [repórter da Globo/GloboNews] fazendo entrevistas com Dom Damasceno no Pio Brasileiro e via repórteres chegarem a todo instante. Queriam conversar com Dom Odilo e com outros cardeais do Brasil para saber o que pensavam sobre o novo Papa e toda a conjuntura da Igreja.

Vi várias pessoas entrando no Pio Brasileiro e circulando-o em busca de entrevistar o cardeal, afinal ele estava hospedado no colégio. Houve uma noite em que os cardeais brindaram-nos com uma conversa muito clara e aberta sobre os bastidores, a preparação do momento do conclave, o que estavam conversando naquela semana. Vieram Dom Geraldo Majella, Dom Damasceno e outro cardeal, não me recordo perfeitamente se era Dom Odilo ou Dom Braz. Falaram bastante os cardeais Majella e Damasceno.

Os jornais da Itália noticiavam Dom Odilo como um forte candidato. Falava-se que era a vez da América Latina. Nos institutos e nas universidades, dizia-se o mesmo. O Pio tornou-se uma casa cheia e sempre visitada pela imprensa. A cidade respirava a ansiedade pela eleição, sobre o futuro que a Igreja tomaria, e então começaram as articulações.

Em 13 de março daquele ano, os senhores cardeais "foram buscar um Papa quase no fim do mundo". O senhor estava na praça, naquela hora?

Sim, estava. Fui à praça porque todos diziam: "De hoje, não passa". Estava lá, com meus colegas que estudavam no Pio, além de outros que não eram de lá. Uma verdadeira multidão. Foi uma grande surpresa.

Quando saímos do lugar, as redes de televisão começaram a noticiar, contando um pouco da biografia de Bergoglio, expondo quem ele era e os possíveis rumos que a Igreja tomaria. Entre os padres, inclusive, circulavam histórias e ideias sobre quem era o novo Papa e o que, possivelmente, faria no pontificado.

Foi muito emocionante. Acompanhei a cerimônia do início ao fim. Existe todo um cerimonial bem preparado para o anúncio. Vi, de perto, nos corredores do Pio, os bastidores e a agitação.

Nunca fui alguém interessado em entrar em assuntos nos quais não era chamado. Sabíamos um pouco sobre as articulações e para qual lado, aparentemente, o vento soprava.

Naquele início de noite, foi anunciado, então, o novo Papa da Igreja. Para a alegria de todos, ele escolheu o nome Francisco. A praça inteira vibrou. Os jovens todos gritavam.

A Igreja depositou e deposita muita esperança nele. A crise instalada, naquele momento, dentro da Igreja, era muito forte. Havia, inclusive, certo descrédito. Não por Bento XVI, mas devido a atitudes erradas de algumas pessoas. O Papa Francisco resgatou a credibilidade da Igreja no mundo inteiro, restabelecendo o diálogo sem fronteiras com outras religiões, até mesmo com os ateus.

A escolha do nome Francisco foi um ato eloquente, não?

Muito. Ao escolher o nome, o Papa diz ao mundo a que veio. Assim como a cada paróquia em que chegamos existe uma realidade gritante à qual devemos nos dedicar mais, também no pontificado o Papa sabe que o tempo que vai passar, por maior que seja, é limitado.

A escolha é feita para que possa marcar seu pontificado. O nome Francisco relaciona-se à espiritualidade franciscana do despojamento, da alegria, da integração com a natureza, do cuidado com a vida. Além de uma atitude eloquente, é também profética. Ele não escolheu o caminho das pompas e honrarias, mas o da humildade e da simplicidade, que leva o homem a ser plenamente feliz. Aplausos efusivos a ele por esta escolha!

11. Um tesouro escondido

Em 2009, o senhor pediu ao seu bispo diocesano para ir morar em Roma. Era um tempo de se debruçar sobre a vida intelectual. Entre tantos cursos, por que escolheu o estudo dos padres antigos?

É uma paixão antiga. No seminário, em João Pessoa, tive a graça de estudar com um doutor em patrologia muito conhecido, um holandês chamado Edward Muhlenberg. Ele tem muitos livros publicados e traduzidos para o português, inclusive. Aquele homem fez com que eu me apaixonasse pela patrística.

Seja pela espiritualidade dos Padres da Igreja, seja pela profundidade deles, tudo aquilo que você procurar neles, encontrará. Ensinamentos sobre a vida prática, moral, matrimonial, tratados sobre a juventude ou sobre como educar os filhos, por exemplo. Sobre a pedagogia da educação dos filhos, há muitos escritos.

Caso você procure temas da espiritualidade, encontrará aos montes. Comprei uma enorme coleção em Roma que abordava o sangue de Cristo nos Padres da Igreja. Para que se tenha uma ideia, a coleção da Sources Chrétiennes possui seiscentos volumes. Uma mais antiga, de Jacques Paul Migne, também é muito completa. Existe até uma coleção que está programada para sair em 2050, prevista como a mais completa do mundo da patrologia. Existe muito material que ainda não foi traduzido para línguas modernas.

Estudei com um professor que trabalhava dentro da biblioteca vaticana como responsável pelas línguas antigas. Nós o ajudamos com um trabalho conjunto, traduzindo textos. Posteriormente, ele foi contratado pela Sources Chrétiennes para fazer traduções de escritos para línguas modernas.

Escolhi os Padres da Igreja por isso. Neles, encontramos todo um aparato teológico necessário para amparar nossa fé, fundamentar nossa caminhada pastoral e a vida social da Igreja. Eles escreveram sobre todos os assuntos de relevância para a Igreja, seja no primeiro século ou depois.

Poderia ter escolhido outros cursos, mas sonhava em um dia ser patrólogo, por isso, comecei a comprar livros no seminário. Como padre, também o fiz. Corria para ler quaisquer novidades sobre São Jerônimo ou Santo Agostinho. Tinha sede de estudar os Padres da Igreja, afinal eles estiveram mais perto do mistério pascal. São pessoas da segunda ou da terceira geração, que estiveram muito perto de Cristo.

Há quem diga que aquela criança que Jesus colocou no centro e disse que quem não fosse como ela não entraria no céu, depois se tornou um Padre da Igreja. Os padres estão ligados aos apóstolos. Muitos da primeira geração chegaram a conhecê-los, como Policarpo de Esmirna e Inácio de Antioquia.

É a fé mais pura das primeiras horas. Por isso, acredito piamente que os padres, pela maturidade e profundidade, podem ajudar muito a Igreja.

O Papa São João Paulo II estimulava bastante o estudo dos Padres da Igreja. Dizia que, no seminário, deveríamos ter várias cadeiras sobre o assunto, não só para dar uma introdução, mas para oferecer textos e outros aprofundamentos. O estudo da patrística pode ajudar muito qualquer cristão a crescer.

Escolhi estudá-los para me aprofundar e melhor servir à Igreja.

Lembro-me que, anos antes de sua ida à Itália, o senhor já havia publicado livros sobre Monges do Deserto. É uma paixão antiga?

Os Monges do Deserto são, sim, uma paixão antiga. À época, o que aqueles homens faziam parecia loucura. Optaram por uma vida simples, deixando a cidade e abrindo mão de roupas e comida.

Não estavam fugindo de nada. Quando esse movimento começou, as perseguições já haviam terminado. Na verdade, foi um movimento profético. Com a "conversão" de Constantino, muitos diziam: "É impossível, agora, viver o Cristianismo mais genuíno nas cidades". Muitos, em massa, encheram o deserto de habitações. Praticamente um terço da população do Egito era formado por monges, então podemos imaginar uma cidade como São Paulo, com um terço do seu território sendo habitado por monges. É muita gente vivendo dessa forma.

Estes homens cativam-me muito. Têm respostas às perguntas que nós mesmos nos fazemos sobre o medo, a morte, a doença, o pecado, a vingança, o perdão e tantas outras coisas. Encontramos resposta nos chamados apoftegmas, frases curtas tiradas deles e escritas por discípulos. Muitos monges não escreveram nada; os discípulos é que o fizeram.

Se prestarmos atenção, muitos santos, sejam medievais ou modernos, tiveram influência dos Monges do Deserto. Podemos dizer que Francisco de Assis é um exemplo, assim como Agostinho, que se converteu a partir de uma forte influência da vida de Santo Antão. Eram homens admiráveis que rezavam muito, faziam vigílias de oração e dormiam pouco. Alguns autores os definiam, de maneira poética, como homens que viviam conversando com os anjos, mas, ao mesmo tempo, cercados por demônios, os quais procuravam tirá-los da presença de Deus.

Eles carregam a tradição de um Cristianismo austero, exigente. Há quem diga que eram loucos. Um monge passar os quarenta dias da quaresma em pé, em cima de um facho de espinhos, era algo muito forte e, também, um exemplo a ser citado do que acontecia. Muitos deles comiam apenas uma vez por dia e dormiam cerca de duas horas por noite, e daí por diante.

Podemos encontrar muitas histórias bonitas. Eles moravam em cavernas com os animais. Ali, viviam sem ter nada para manter o corpo — nem água, nem comida —, somente coisas que pudessem manter a alma, como um trecho da Bíblia ou escritos antigos de um padre.

Viveram procurando responder questões existenciais: "Quem é o homem? Quem é Deus?". Há textos quase indecifráveis de padres antigos da Igreja, os quais moravam no deserto. A teologia apofática de Dionísio Areopagita, por exemplo, além de outras construções de muitos padres antigos, é uma coisa belíssima sobre Deus.

Eram homens de poucas palavras. Pouco contato com outras pessoas, mas muita oração. Conta-se que, para fazerem um exorcismo, bastavam soprar sobre a pessoa que estava endemoninhada, pois o sopro do Monge do Deserto trazia o fogo do Espírito que queimava toda a ação do mal.

Há outra história sobre certo monge que era um padre muito famoso, mas muito simples. Um dia, ele chegou à Igreja para celebrar, quando uma senhora trouxe uma criança que havia morrido. Ela não lhe disse sobre o falecimento, com receio de que deixasse de rezar pela sua ressurreição. Deitou a criança no banco e pediu que alguém fosse até ele e dissesse que havia uma criança deitada no banco. Ele se aproximou da criança e lhe disse: "Levanta, menino!", e ele se levantou e sentou. Estava morto e voltou à vida.

São muitas as histórias destes homens. Escrevi um livro sobre várias delas. Relancei-o há pouco tempo, inclusive com uma apresentação de João Victor sobre os monges. Selecionei algumas histórias vividas por eles e os chamados apoftegmas, que são palavras profundas frutos de um longo tempo de silêncio, que podem converter e mudar o rumo de uma vida.

Os Monges do Deserto ajudaram-me muito a me compreender e compreender a Igreja. Hoje, boa parte de minha espiritualidade tem relação com esses homens. Doroteu de Gaza, por exemplo, faz parte desse grupo. O Papa Francisco cita-o com frequência, sobretudo no tema acusação de si mesmo. Temos muita facilidade em acusar e culpar os outros pelos nossos problemas; por outro lado, temos dificuldade em assumir nossas faltas e limitações. Doroteu desenvolveu um tratado a partir dessa temática, com base em Adão e Eva, que acusam um ao outro. Reconhecer o limite seria o primeiro passo para uma conversão.

Li muitas coisas e sei que outras ainda estão saindo como tradução, apoftegmas que foram escritos em línguas antigas. Tenho em casa uma coleção da Sources Chrétiennes sobre eles, com textos em grego e traduzidos para o francês, mas existem outros escritos em outros idiomas. Existe um grupo que tem traduzido para línguas modernas, fazendo aparecer muita coisa nova e boa, histórias que podem iluminar uma pregação ou, até mesmo, uma reflexão em sala de aula. Há muita riqueza a ser conhecida e desfrutada com os Monges do Deserto.

Normalmente, nos cursos de patrologia que dou nos seminários, reservo cerca de duas ou três aulas para falar sobre a beleza e o encanto deles.

Os Monges do Deserto fazem parte da patrística?

Sim. Estão dentro do contexto daquilo que é exigido para se tornar um Padre da Igreja. A primeira exigência é que tenha antiguidade, do oitavo século para baixo. Os Monges do Deserto datam do terceiro século em diante. Depois, é necessário que haja concordância com a Igreja, que a doutrina seja fiel a ela (a Igreja), e os monges nunca se afastaram dessa perspectiva.

Alguns contribuíram para a Igreja de modo muito especial e essencial, a exemplo de Evágrio Pôntico, que teve uma vida de monge por muito tempo e é um dos grandes escritores da teologia antiga.

São Jerônimo também é outro exemplo da vivência como Monge do Deserto, assim como Agostinho, que fez de sua casa um mosteiro.

A vida monástica empolgava muito os Padres da Igreja, de modo que eles procuravam diretores espirituais entre os monges, e eles também se faziam monges por certo tempo. Para ser Padre da Igreja é necessário, repito: antiguidade, santidade e a questão da fidelidade à doutrina. Não necessariamente padres ou bispos. Há leigos que são como pais da Igreja.

Portanto, muitos Monges do Deserto são considerados da patrística; não todos, mas boa parte, sim.

Quando estive em Roma, em 2018, visitei o colégio Pio Brasileiro. Cheguei a participar de uma Eucaristia naquele instituto. Um sacerdote residente confessou-me que os crânios da teologia pendem para dois lados: Bíblia e patrologia. Isso é verdade?

Eu diria que são dois cursos muito difíceis. Em Roma, circula uma espécie de ditado que diz: "Se você quiser conhecer a Europa, existem cursos muito simples. E você poderá girar por ela toda, enquanto estuda. Se você quiser conhecer a Itália, existem cursos também simples que o farão girar a Itália inteira. Se quiser conhecer Roma, existem cursos mais exigentes, porém que lhe darão tempo, caso queira, para conhecê-la. Existem, porém, dois cursos para quem só quer conhecer o seu quarto e o colégio onde mora: a Bíblia e a patrologia". Há outros que também são complicados, mas o ditado ressalta esses.

Esses cursos, em especial, são complicados porque lidam com línguas antigas, as quais são um grande pesadelo para aprender. Latim, grego antigo ou hebraico não são fáceis. Portanto, aprendê-los é uma riqueza.

Não me acho excepcional. À época, certa vez, estava conversando com duas pessoas que admiro muito, Dom Paulo Jackson e padre Gervazio Queiroga, dois grandes intelectuais. Dom Paulo falava a Gervazio: "Dizem que quem estuda Bíblia e patrologia tem uma cabeça muito boa mesmo". Ele ainda disse que 90% da demanda era suor e 10%, inspiração.

Quando fui estudar patrologia, liguei para Dom Paulo várias vezes. Perguntei-lhe se eu conseguiria acompanhar o curso de grego. Ele me respondeu afirmativamente. Disse que me daria algumas dicas e que, com elas, eu me sairia bem.

Segui suas instruções à risca. Ele me recomendou que, para cada hora de grego que eu estudasse na sala de aula, fizesse, ao menos, duas ou três, em casa, para reforçar o conhecimento e aprofundá-lo.

Procurava estudar com muita assiduidade. Não é uma língua fácil, e o cérebro tem muita resistência a aprendê-lo. O alfabeto, as formas verbais e a estrutura de língua são muito distintos dos nossos. Além disso, são línguas que possuem declinações e os chamados casos: nominativo, dativo, genitivo, acusativo, ablativo, vocativo e, em alguns casos, locativo. Apresentam esquema mental diferente, com colocação verbal peculiar.

Escolher estudar esses dois cursos envolve muito suor, muita renúncia de conhecer lugares e fazer viagens. É uma estrada bastante dura, mas que vale muito a pena. Queria muito voltar ao Brasil com conhecimento de línguas antigas. Para mim, ir à Itália, conhecer o mundo antigo e voltar sem esses conhecimentos seria como não ter ido.

Estudar patrologia e Bíblia é uma grande honra, uma grande alegria. Sofri bastante, pois tinha medo dessas línguas clássicas. Só consegui aprender latim no instituto Vivarum Novum. Fiz a inscrição e gastei uma boa quantia, pois só naquele instituto se falava esse idioma com fluência.

Depois disso, voltei tranquilo para fazer provas e até conversar um pouco na língua. Fiquei em condições de ajudar colegas de outro curso, inclusive. Tomei a coragem de pedir ajuda à professora Patricia Morelli, doutora em línguas clássicas. Ela me dava aulas particulares e adentrávamos um pouco na filologia, na formação das palavras e no sentido etimológico. Estudávamos duas vezes por semana por duas ou três horas. Agradeço muito a Deus pela oportunidade.

Não me vejo melhor ou mais preparado que ninguém, apenas soube aproveitar a oportunidade.

Morando fora, o senhor pôde dedicar-se ao estudo de línguas clássicas: grego e latim. Para alguns linguistas, letras praticamente mortas. Por quê?

A história de dizer que o latim é uma língua morta é antiga. Sou professor do idioma e vejo o rosto dos meus alunos, amedrontados. Causa medo, mas ainda menos que o grego, que deixa de rosto pálido e mão gelada.

O latim é imortal. Muito da nossa cultura moderna se fortalece com esse idioma. Nomenclaturas da biologia e de várias ciências relacionam-se a ele e ao grego. Ainda é a língua oficial do Vaticano. Qualquer documento publicado lá é escrito, inicialmente, em latim para que, depois, seja traduzido para as línguas modernas.

É muito importante sabê-lo e estudá-lo. Eu tinha um professor que sempre me dizia: "Traduzir uma frase difícil do latim é tão interessante quanto jogar uma partida de xadrez". Você pode demorar, em uma única frase de autores como Cícero, Petrônio, Suetônio, de duas a três horas.

O latim mais moderno, o litúrgico e o do direito são bem mais fáceis que o latim clássico. Se pensarmos que houve um tempo em que não havia ponto nem vírgula, acento ou nada disso no latim, podemos ter ainda mais a certeza de que era uma língua complexa. Por isso, Agostinho dizia que, quando fôssemos ler em latim, que lêssemos em voz alta para que pudéssemos entender o que o autor quis dizer e localizar onde havia pontuação.

Houve uma reforma da língua, ou estava prevista uma reforma, e perguntaram a Cícero: "Vamos acentuar as palavras no latim?", ao que ele respondeu negativamente. "Os acentos vão apenas empobrecer a língua. Deixemo-la como está", disse ele. Além de tudo, era uma arma de retórica para os grandes advogados.

Não podemos considerá-lo uma língua morta porque, até hoje, existem convênios do idioma, celebrações e trabalhos científicos em latim.

Quando eu estive fora, um dos meninos que morara por três anos no Vivarum Novum pediu para publicar sua pequena tese de mestrado em latim. As publicações de artigos antigos eram todas nesta língua. Repito: o latim não é uma língua morta.

Às vezes, pego um fim de semana e me dedico à leitura dos textos antigos em línguas antigas. Gosto de tomar na língua antiga os textos da missa do fim de semana, o Evangelho, primeira e segunda leituras, porque me dão uma visão bem mais real do que o que a tradução me proporciona.

O curso exigia, ainda, as línguas modernas, como francês e inglês, para o mestrado. Para o doutorado, espero que Deus me dê forças para um dia voltar e fazer, se exigem ainda o alemão, o copta e mais outra língua antiga que possa ajudar.

As antigas me ajudaram, mas também estudei as modernas. Cursei francês na escola Auno. Concluí ainda 290 horas de inglês em um curso intensivo. Ainda reforcei meu português, sempre procurando dar o meu melhor. Estudei essas línguas porque são muito essenciais à patrologia.

O estudo também é um serviço?

Claro! O estudo é um serviço à Igreja porque ela precisa de homens que possam dialogar com o mundo, com os ateus, com as pessoas que estudam de forma madura e profunda. Estudar nunca é perda de tempo. Aprofundamos nossa fé, os conteúdos da teologia, da história da Igreja.

Quando voltei ao Brasil, vi quantas bobagens são ditas sem profundidade e sem conhecimento sobre a história da Igreja e sobre tantas outras coisas. Ao retornar, sobretudo às escolas, pude dar muitas palestras aos jovens sobre história medieval e antiga, e ainda o faço. Não deixo de me referir sempre ao mundo clássico, no qual há muita sabedoria a ser desfrutada. É um mel gostoso que poucos procuram extrair para saborear.

Não entendo o motivo de muitos profissionais de algumas categorias não gostarem de ler. Temos visto pessoas que usam gravata, paletó, ridicularizadas por não conseguirem dizer uma única frase com raciocínio completo e palavras adequadas. É algo triste! A educação é importantíssima. Acredito nela como libertação e fonte de vida para o homem.

O estudo é um serviço, à medida que você transmita seus conhecimentos aos outros para que também cresçam e amadureçam.

Se o senhor pudesse escolher um padre, membro da patrística, quem seria?

Admiro muito os padres do Oriente, que têm uma sabedoria muito profunda. Embora também existam padres renomados, considerados doutores da Igreja, no Ocidente. Eu diria que João Crisóstomo, João Cassiano, que era discípulo de Evágrio, São Jerônimo — que era um linguista de mão cheia —, Agostinho de Hipona, com toda a sua experiência humana de quedas e sofrimentos, fracassos e fraquezas, um grande orador. Todos eles são grandes nomes.

Eu não escolheria um só padre, porque diria que a patrística é um grande conjunto. Creio que ficar com um único, seria reduzir um universo tão grande. O catálogo de obras em latim, seja de Padres da Igreja, seja de autores eclesiásticos, tem quase 2 mil páginas. É uma grande dimensão! Reduzir a um autor só seria muito pouco.

Se pegarmos o catálogo das obras em grego, em vez de um volume único, como é o do latim, teremos cinco volumes. Além disso, temos um terceiro com os padres que escreveram em outras línguas. Não dá para pensar em um único padre como se ele fosse capaz de fazer uma síntese do mundo da patrologia. Penso que é difícil imaginar que alguém tenha conseguido fazê-lo. Esses padres encontravam-se em concílios. Havia embates entre eles, por isso não se pode falar de um sem falar de outro, já que sua teologia está entrelaçada.

Eu diria que é difícil escolher um como meu favorito, mas leio muito Orígenes, que tem um método bem bonito de interpretação da Bíblia. Muitas nuances de sua interpretação são retomadas por Evágrio e por outros que nos dão uma visão muito bela da Bíblia. Foi o que fez com que eu me apaixonasse ainda mais pela Sagrada Escritura.

Para que os leitores conheçam um pouco da riqueza que é a patrologia, o senhor pode concluir este capítulo com uma citação?

Poderia fazer uma citação tal qual se encontra nos livros, assim como retomar uma história da patrística que pudesse iluminar a vida dos leitores. Mas quero trazer um diálogo de São João Crisóstomo com um fiel que lhe perguntara: "Por que nós não conseguimos viver a Palavra? Escutamos na missa e não conseguimos transformar aquilo em acontecimento, encarnar a Palavra na nossa vida?". Ele respondeu da seguinte maneira: "Quando temos um tesouro, normalmente guardamo-lo em um cofre. Nós, cristãos, não aprendemos que a Palavra de Deus é um tesouro e não guardamos no cofre do nosso coração".

Quando saímos da missa, misturamos a Palavra de Deus com muitas outras palavras. São histórias de A e B, fofocas e coisas assim. Quando chegamos a casa, a Palavra de Deus já está toda misturada, por isso muitos monges terminavam a missa pedindo para fugirmos, apontando para a língua, simbolizando que fôssemos para casa em silêncio. Chegando a casa, ajoelhe-se e continue a meditar a Palavra.

Em uma segunda citação de São João Crisóstomo, belíssima, ele disse: "É bendito o homem que comunga, que recebe a Eucaristia, porque só o hálito do homem que comunga é capaz de expulsar os demônios".

Sou um homem apaixonado pela patrística. Leio com frequência e, nas minhas homilias, pretendo citá-los porque vejo uma grande vantagem. São homens que viveram a fé com sinceridade e profundidade. Muitos deles deram a vida, derramaram sangue pela Igreja, foram vítimas em arenas, cortados a fio de espadas, queimados. São homens que viveram a fé de maneira muito intensa!

Para concluir, cito algo sobre a prisão de Policarpo de Esmirna. Quando os guardas chegaram para prendê-lo, ele pediu para rezar uma hora e acabou rezando duas. Ao ver os soldados, as pessoas diziam a ele para fugir, e ele sempre respondia que não o faria. "Quando os guardas chegarem aqui, preparem um lanche da melhor qualidade para eles." Assim, ao entrarem na casa de Policarpo, eles ficaram constrangidos e disseram: "Como é que o Império Romano manda-nos prender um senhor de mais de 80 anos? Que perigo este homem representa ao Império?".

Essa história é bela. Depois de ter rezado por duas horas, ele foi e se entregou aos guardas. Sobre os Padres da Igreja, seria necessário um capítulo inteiro só para contar curiosidades, fatos interessantes sobre eles e sobre os Monges do Deserto.

12. O inesperado

A vida humana está permeada de imprevisibilidades. Há elementos incontroláveis no curso da história. Como o senhor se relaciona com o inesperado?

A nossa vida é cheia de inesperados; alguns, planejados por terceiros. O belo é o desfecho positivo que Deus dá, mesmo que a intenção de quem planejou não seja boa. É sempre uma oportunidade para Ele agir. A palavra "inesperado" sinaliza algo que está acontecendo dentro ("in-"), ou uma negação, algo que não se espera que aconteça. Deus age justamente aí. Porque a humanidade não esperava, por exemplo, que uma virgem engravidasse, que Ele se fizesse carne no ventre de uma mulher e que aquela mulher fosse mãe e, ao mesmo tempo, filha do seu Filho, como diz Santo Efrem.

O inesperado é um espaço no qual Deus trabalha muito. Era inesperado que Santa Isabel, com idade avançada, tivesse um filho, mas foi assim que Deus agiu. Era inesperado que Lázaro ressuscitasse dos mortos, mas Jesus lhe disse: "Lázaro, vem para fora"[22]. Ao que lhe responderam: "Senhor, já cheiro mal", e Jesus insistiu: "Eu não me importo. Venha para fora". Ele veio e, a partir dali, abriu-se uma nova confiança dos judeus no messianismo de Cristo.

---

22. Jo, 11.

O inesperado é sempre uma oportunidade para Deus agir, por isso, quando sua vida mudar da rota um pouco, não se lamente. Você tem direito de chorar, entristecer-se, mas, no fundo, confie, porque Deus está agindo, e repito: o seu inesperado é um momento privilegiado da ação divina.

Para mim, a vinda a Tavares foi inesperada, mas, aqui, Deus agiu muito. Ao mesmo tempo que eu vim para uma realidade de uma paróquia tão grande, eu já não esperava que fosse convidado a dar aulas em Campina Grande, mas aceitei. Fazia um esforço gigantesco. Dei aula por quatro anos seguidos. E, de lá, foi inesperado que me convidassem a dar aula no seminário da Arquidiocese, o qual estava reabrindo. Aceitei, porém fiquei por um curto período, devido à distância.

Os inesperados da vida são uma oficina na qual Deus trabalha bastante. Eu creio nas promessas Dele e creio que aja no inesperado. Era surpreendente que Davi aceitasse combater Golias, mas o menino aceitou e, mais ainda, derrubou um gigante todo armado. O laboratório mais desejado de Deus é o inesperado humano, através do qual Ele nos apresenta a sua segurança.

Quanto ao retorno ao Brasil, imagino que aqueles que vão à Itália ou outras nações não o fazem por um projeto pessoal, mas para servir à Igreja. Porém, considero que as dioceses deveriam fazer uso mais assertivo dos sacerdotes que tiveram a graça de estudar e aprofundar seus conhecimentos.

Eu, por exemplo, não voltei ao Brasil querendo ser ovacionado; meu intuito era servir e, se o meu lugar de servir é este aqui, estou muito feliz, fazendo desse lugar um pedacinho do céu, dando a minha vida por este povo. Como disse, acordando cedo, dormindo tarde, lendo para fazer boas homilias, ajudando as pessoas a ter uma fé profunda.

O senhor retorna ao Brasil intentando dedicar-se, minimamente, a uma paróquia e maximizar sua atuação acadêmica, todavia assume a Paróquia de São Miguel Arcanjo, em Tavares – PB. Uma

paróquia grande e, pastoralmente, muito exigente. É nessas horas que se solidifica a virtude da obediência?

Eu creio sempre, como diz o povo simples, que Deus escreve certo, mesmo quando as linhas são tortas. Quando recebi a notícia de que iria para uma paróquia maior do que imaginara, naquela noite, estava em Roma, coloquei-me de joelhos para rezar e, ao pé da cama, chorei muito porque seria um grande desafio para mim.

Era uma proposta nova; ir para Tavares não estava nos meus planos por muitas razões, Deus sabe, mas aceitei. O bispo disse-me que eu poderia ficar uns dias para pensar, porém, no dia seguinte, pela manhã, liguei e falei que iria. Não devemos ficar teimando, lutando por esse ou por aquele lugar. Sou de uma geração de padres formados para a obediência. Hoje, infelizmente, alguns padres fazem exigências.

Como tem sido a experiência com a Paróquia de São Miguel Arcanjo?

Tem sido uma experiência belíssima. É uma cidade de pessoas muito bondosas, que receberam formação humana e cristã. O fato de Tavares ter uma ponte muito forte com São Paulo — para onde muitos vão para trabalhar no corte da cana, na pintura e em outras coisas — faz com que o tavarense seja um homem de cabeça aberta, com quem é possível dialogar. São bons cristãos e amam a Igreja. Nesse contexto, sinto-me muito feliz em servir a essa paróquia.

Hoje, eu me identifico muito com Tavares e vejo que Deus tinha um propósito quando me trouxe para cá. Nós, homens, temos os nossos caminhos e, neles, encontra-se muita coisa mesquinha, *una vitta pensatta da quatro soldi*, como diz o provérbio italiano, que quer dizer "uma vida pensada a quatro moedas". Quando pensamos nos nossos projetos assim, Deus sempre tem coisas melhores para nós. Às vezes, mendigamos o prato de lentilha, quando Ele nos prepara algo bem melhor. Hoje, creio cada vez mais nas promessas de Deus e em como sua fidelidade e seu amor nos fazem crescer no ministério. Há um diferencial em obedecermos, fazermos o que não temos vontade, pois pode ser o centro da vontade de Deus.

O senhor já confessou que, ao envelhecer, pensa em construir uma casa em Tavares e ir morar lá. Continua com essa ideia?

O futuro pertence a Deus, mas uma coisa é certa: eu permanecerei fiel aos meus ideais, ao que acredito, à minha espiritualidade, aos Monges do Deserto, aos Padres da Igreja.

Não gostaria de envelhecer em uma cidade grande. Gostaria de ter um lugar de paz. Morar em uma cidade pequena, em um sítio, um local apartado, onde eu pudesse rezar, encontrar Deus na natureza, conversar com Ele, escrever e meditar. Então, não descarto a possibilidade de que esse lugar seja Tavares porque é um lugar onde tenho muitos compadres, afilhados. Independentemente de onde seja, quero envelhecer longe da loucura dos grandes centros, onde possa comer sem agrotóxicos e beber água limpa.

Acho que é uma utopia, dados os tempos em que estamos vivendo, mas é um pouco do que penso da vida. Nós podemos ensaiar essa utopia. *Utopus* é como se fosse um lugar que ainda não existiu. Eu gostaria muito de caminhar com o povo tavarense na construção desse ambiente, constituído pelo Evangelho, onde as pessoas se respeitam, se amam, se cuidam, querem bem umas às outras. Talvez seja um sonho bobo, mas Jesus era um sonhador também. Até a família lhe disse que era louco. Portanto, não me intimido. Ruim seria morrer sem sonhar o grande sonho do Evangelho.

O padre aprende com o povo?

Muito. O povo ensina-nos muito. A cada dia, sobretudo o povo simples, dá-nos aulas sobre o perdão, sobre viver em comunidade. A felicidade está no pouco. Eles nos ensinam, e devemos estar de coração aberto para aprender. Mas eles também precisam ser corrigidos, ajudados a criar consciência porque a massa é sempre fácil de ser manobrada. A consciência faz a pessoa fincar o pé em um projeto de vida e acreditar na possibilidade de realizá-lo, enfrentando todas as dificuldades, sendo fiel a ele. O padre aprende muito com o povo. Falar muito e não escutar ninguém, na verdade, é tolice. É preciso saber escutar os mais simples. Uma conversa com um gari, com uma dona que vende bombons na rua, com o senhor da feira, isso me ensina muito. Há preciosos ensinamentos que não estão nos livros.

A CNBB, cumprindo a ordem da Lumen Gentium, tem fomentado a dinâmica do protagonismo dos leigos. Isso é uma realidade limitada à teoria ou transformou-se, de fato, em uma prática?

Essa realidade da Lumen Gentium tem sido bem-aceita e bem vivida em muitas paróquias, porém há muitas nas quais o leigo é infantilizado, um mero fazedor de tarefas. Por exemplo, há algumas em que não há conselho administrativo. Um manda, e os outros obedecem. Não há diálogo sobre a administração. Outras paróquias não têm conselho de pastoral, o que significa não ter alguém com quem pensar sobre a sua realidade. Significa que tudo sairia da cabeça de um padre, o qual, efetivamente, não tem respostas para tudo.

O protagonismo do leigo não é só fazer leitura no altar, distribuir a comunhão, fazer uma tarefa ou outra, como se fosse um tarefeiro. Extrapola essa dimensão. O leigo deve estar presente nas decisões da Igreja. Eu sei que há quem diga que a Igreja não é democrática, mas eu gostaria de imaginar que, mesmo que não seja, ela conta com a ajuda dos leigos, escutá-los é essencial, assim como o padre deve fazer.

O padre ou o bispo, quando concedem a uma pessoa um ministério, não estão lhe fazendo um favor; é um direito servir à Igreja, ser povo de Deus. Antigamente, dizia-se, em tom de brincadeira: "Qual é o papel do leigo? O papel do leigo é o jornal do domingo". Não! O papel do leigo vai muito além do que se diz por aí. Não podemos instrumentalizá-lo nem o infantilizar.

Certamente, esse protagonismo não quer dizer fazer dos leigos massa de mão de obra barata, certo?

Certíssimo! Eu escutei, certa vez, um padre dizer: "Eu já levo para as reuniões todas as coisas prontas e decididas". Ora, então qual é a finalidade dessa reunião? Apenas distribuir tarefas? Qual visão essa pessoa tem de Igreja, de ministério, de serviço, do sacerdócio comum, do seu próprio sacerdócio?

A eclesiologia do Vaticano II não chegou aos corações de muitos. Às vezes, vejo o Papa Francisco falando, como o profeta João Batista, uma voz que grita no deserto. Um homem muito julgado pelas pessoas, que pensam que a Igreja tem de ser de um jeito no qual ele não se encaixa. Eu vi um leigo dizer, no YouTube: "Esse Papa não se enquadra nos meus critérios. Ele não me representa!". Pelo amor do céu, o colégio dos cardeais escolheu esse homem dentro de um clima de oração, em um conclave. Portanto, seu pontificado é legítimo!

Nós, padres, não podemos ter medo dos leigos; devemos acolhê--los. Na Itália, há muitos que fazem teologia, mestrado, doutorado, e isso é algo bom. Quando eu estudava em Roma, havia um colega de classe, fazendo mestrado em teologia, que era senador da República. Os leigos têm de assumir o seu lugar, estudar teologia, filosofia, aprofundar o conhecimento sobre os documentos da Igreja. Eles não devem apenas concordar com tudo, podendo expressar sua opinião divergente, segundo o Evangelho e mantendo a comunhão. Essa deve ser a Igreja de Cristo, onde as pessoas têm vez e voz.

Acho que, se a Igreja não for uma democracia, também não é uma ditadura. Quem a entende dessa forma não o faz como Cristo o fez. E esse protagonismo, repito, não diminui em nada o que o padre é e não deve ser motivo de temor. Os leigos favorecem o crescimento da paróquia.

13. A reforma

Anos após assumir a paróquia angelical, o senhor entendeu que era urgente uma reforma em sua matriz; um empreendimento monstruoso: cerca de três milhões de reais. O que o impulsionou a fazê-la?

É preciso coragem para fazer um investimento desse porte. Nós não tínhamos nem um tostão guardado para isso, mas sobravam boa vontade e planejamento. Esse foi o diferencial. O desejo pela reforma era antigo entre a comunidade, e eu sentia que era uma questão não de vaidade, mas de necessidade. Nas missas dominicais, pela manhã, quando havia intenções de muitos falecidos, a igreja não comportava todo o povo. As pessoas também deixavam de ir a algumas missas, por saberem que a lotação seria atingida. Por exemplo, nas missas com o sacramento da Crisma, priorizavam-se os jovens e os padrinhos. Ademais, participar de uma missa sem ver o padre não é agradável, então muitos deixavam de ir.

Embora as pastorais, os movimentos e as famílias pedissem muito essa reforma, relutei por anos. Jesus fala que um rei, antes de entrar em uma batalha, deve calcular e pensar muito sobre as qualidades do seu exército. Do mesmo jeito deve ser antes de começar uma construção. Era uma obra grandiosa, sobre cujas mudanças na vida do povo escreverei um livro. Alguém até chegou a sugerir que fizéssemos um "puxadinho", mas já havia dois. Acabaria tornando-se a "igreja dos puxadinhos". Não resolveria o problema. A estrutura física contava com três níveis de altura, em decorrência desses improvisos. Era preciso, de fato, criar coragem e iniciar uma reestruturação.

Então, formamos um conselho para ajudar nesse grande empreendimento. Havia, na paróquia, uma equipe de festas, mas não era o que precisávamos. Nesse sentido, segui o conselho que Dom Gerardo sempre me deu sobre procurar, primeiro, pessoas de fé. Cumprindo esse requisito, em segundo lugar vinham a habilidade com os negócios e a influência no comércio. Eram necessárias pessoas que rezassem, mas que também entendessem de economia. Além disso, ele me aconselhou a procurar um advogado, um contador e uma professora, isto é, alguém com habilidade para redigir.

Na minha primeira paróquia, eu era muito jovem, por isso Dom Gerardo dera-me instruções fundamentais. Formar um conselho não é algo simples. Vemos as consequências danosas nas paróquias onde os conselhos são malformados. Formamos o nosso, e tem sido muito proveitoso. Compõe-se de pessoas de altíssima confiança, zelosas e que amam a Igreja.

Após essa reformulação, reestruturamos a Pastoral do Dízimo, com o qual não pagávamos nem as despesas do mês. Vivíamos "no vermelho", dificultando qualquer projeto. O processo levou seis meses, mas atingimos a estabilidade financeira da paróquia.

Não há um estudo sobre isso, mas, se perguntarmos ao clero, saberemos que boa parte das paróquias vive em dificuldades financeiras. Muitas delas trabalham na festa da padroeira para cobrir os gastos do ano porque, normalmente, não conseguem fazê-lo apenas com o dízimo. As pessoas preparam a festa e se doam, pensando em fazer uma reforma ou melhorar algo na paróquia, e, se isso não acontece, gera uma espécie de decepção.

Fizemos um planejamento pormenorizado da reforma. Dediquei--me incansavelmente, usando meus poucos conhecimentos na área, mas com muita boa vontade. Perdi duas noites de sono e levei uma semana trabalhando no projeto financeiro que entregaria ao conselho. Como gastaríamos muito, precisávamos saber de onde sairia esse dinheiro. Além disso, o conselho tinha de ter muita confiança na pessoa do padre, sabendo que se tratava de algo seguro e bem orientado.

Fiz o planejamento financeiro e o planejamento básico da obra, em rascunho, e apresentei ao conselho. Depois, chamamos o arquiteto e o engenheiro para torná-los possíveis e adequados. Começamos a formar uma equipe com a qual poderíamos contar para tocar para a frente esse projeto tão grandioso.

O que me impulsionou foi, em primeiro lugar, o desejo do povo. Mas, em segundo lugar, estava o fato de que, como padre, eu nunca fugi de desafios. Há um raciocínio errado, comum entre muitas pessoas na Igreja, de que a paróquia que está bem é aquela que tem muito dinheiro no banco. No entanto, de nada adianta alimentar o sistema financeiro se a igreja está com sua estrutura física precária.

Eu acredito que um padre, ao assumir uma paróquia, recebe uma missão específica, e assim foi comigo. Na primeira, eu deveria restaurar a fé do povo, restabelecer a autoestima de ser cristão. Em outra, tinha outro propósito. Na atual, além das missões espirituais e humanas, Deus me confiou a reforma da igreja. Chegar a uma paróquia, ver as coisas por resolver e sair sem dar a contribuição deve deixar uma sensação de derrota. A pastoral de manutenção, hoje, é muito questionada porque exige que se avance para águas mais profundas, no sentido missionário. Por isso, a ordem é fazer o necessário, o que tem de ser feito, e Deus vai mostrando os meios. É preciso coragem, ânimo e motivar a comunidade.

Diversos sacerdotes já haviam passado por aquela paróquia. Por que o senhor decidiu fazer a reforma?

Justamente pelo fato de não saber quem vem depois. Se o povo tem uma necessidade hoje, e eu sinto que posso ajudar, por que deixar para outro? Esse jogo do "empurra-empurra" é muito conhecido na política, mas, na Igreja, não pode ser assim.

O senhor considera-se um corajoso?

Eu me considero um corajoso na filologia da palavra. Em latim, *cor agire*, alguém que age com o coração. Nesse sentido, considero-me um corajoso. Não por ser uma pessoa destemida, pois todo mundo tem os seus temores. Sou alguém que, sem querer ser melhor que ninguém, não foge dos desafios.

O Papa Francisco tem dito que é totalmente contra essa política do comodismo. O Evangelho exige coragem e iniciativa. Creio que Deus não nos coloca nos lugares por acaso, mas porque Ele espera algo de nós.

Esta reforma também desencadeou uma metanoia na comunidade?

Sim. Essa reforma gerou grandes transformações na vida das pessoas da cidade inteira, inclusive dos ateus. Até os evangélicos fazem doações contínuas. Pessoas que não contribuíam em campanha nenhuma ajudam-nos. Recebemos doações tanto de pessoas simples quanto de pessoas de boa condição financeira. Eu sempre digo nas missas: "Esta reforma é um milagre a céu aberto!". Não recebemos ajuda da diocese porque ela não pode ajudar, tampouco tivemos verba pública.

Há uma mudança grande acontecendo. A reforma da Igreja é também a reforma dos corações, das famílias, das pessoas, das pastorais. Há um entusiasmo, uma retomada da autoestima das pessoas. Tavares tornou-se um grande canteiro de obras. A comunidade passou a se inspirar nesse empreendimento, não só do ponto de vista físico. Ela desencadeou coragem, generosidade, boa vontade. Tem havido maior frequência nas missas. O legado consistirá em belas transformações.

Há quem diga que a disjunção Estado e Igreja é, antes, para tutelar a Eclésia. Em sua visão, qual relação deve haver entre essas duas estruturas?

Igreja e Estado devem manter uma grande relação de respeito e de cooperação mútua. A Igreja deve ser, cada vez mais, independente, no sentido financeiro. Não deve viver debaixo do orçamento do Estado. Há quem diga que, pela lei, a prefeitura pode e deve reservar um valor determinado para eventos culturais e religiosos, mas eu já vi muitos líderes religiosos venderem-se. Isso fere, frontalmente, o Evangelho, portanto não nos interessa entrar nesse jogo.

Dentro desse arcabouço, algumas medidas precisaram ser tomadas. Entre elas, a implantação de um novo projeto de dízimo. De onde veio essa ideia?

Essa ideia nasceu de uma grande necessidade. A Paróquia de Tavares, assim como muitas outras, estava vivendo um grande drama.

Padre Levi fizera um projeto, na década de 1960, se não estou enganado. Depois, houve uma implantação oficial do dízimo na diocese, há vinte anos. Nesse tempo, muita coisa mudou. Se era um projeto bom, poderia ficar melhor. Então, vendo a situação da paróquia, inquietei-me. O que recebíamos não dava nem para pagar as contas. Havia um déficit de 8 mil reais por mês, aproximadamente. Com o dinheiro de maio, eu saldava uma parte das dívidas e, com o dinheiro das festas de padroeiro, as outras dívidas. E o investimento? A paróquia ia se acabar aos poucos.

Primeiramente, devemos dar dignidade às pessoas que trabalham conosco. Procurei organizar os ambientes, a secretaria de atendimento. Eu queria investir no setor social da paróquia, na parte litúrgica e em outras áreas, mas não havia recursos para tal. Só o básico do básico, e ainda, ficávamos devendo. Então, procurei ajuda. Participei de um evento de *marketing* católico que, a cada ano, acontece em uma capital diferente. Naquele ano, era em Natal. Eu tinha uma ideia fixa: participar do *workshop* do dízimo. Fui, com muita humildade, procurar aprender o que não sabia.

Conversei com o padre Adriano, um dos grandes entusiastas do assunto que, inclusive, colaborou na elaboração do documento da CNBB sobre o dízimo. Conversei com outras figuras que tinham uma grande percepção e as convidei, fora do encontro, para jantarmos. Lá, descontraidamente, enquanto comíamos, fui absorvendo as ideias.

Padre Adriano propôs-se a vir passar uns dias em Tavares e implantar o dízimo missionário. Mas, tendo em vista que o pouco que tínhamos seria usado para a implantação, não daria para cobrir as despesas com a vinda dele. Decidi, então, fazer tudo sozinho. Foi um longo processo. Estive no encontro em maio de 2017 e, quando voltei, comecei os preparativos. Foram dois meses.

O primeiro, para preparar todo o material: *banners*, materiais para as rádios, para a internet. Passei a entender que o dízimo é questão de evangelização. No segundo mês, reestruturamos a equipe e fizemos a formação. Antes, havia trinta pessoas; depois, passou a ter mais de cem, já que se tratava de um dízimo missionário.

Creio que o dízimo pode transformar uma paróquia, mas isso exige coragem. Não é todo padre que está disposto a se expor ao sol quente, passar de casa em casa, visitar as famílias, levar um *não*, escutar piadas. É mais fácil ficar em casa e esperar para ser enviado a uma paróquia com uma boa situação financeira.

Fizemos essa preparação toda, encontros de formação por um mês e, depois, fomos a campo para a missão, que consistia em levar o Evangelho às famílias; não era falar sobre dinheiro. O dízimo é uma consequência, e ele não é só dinheiro. Há um dízimo de tempo, de alguma parte do nosso dia que nós devemos dedicar a Deus, seja através da oração, do serviço, da visita a um doente etc. Mas há uma parte que é de Deus, e que não se pode negar.

Há, também, o dízimo dos talentos, os quais são dados por Deus. Parte deles precisa ser dedicada de volta, tocando na Igreja, desenhando, pintando ou fazendo algo pelo próximo. Comecei a falar do dízimo pela Bíblia. Em algumas casas onde entrava, via que as pessoas não tinham condições de dar, porque o Evangelho ainda não havia entrado ali. Assim, seria só uma obrigação, não algo que brotasse do coração.

Não há uma possibilidade de haver um discurso monetário exacerbado?

Não, pois não se fala de dinheiro. Fala-se do Evangelho. Quando a pessoa o conhece, entende que é incompatível com a ganância desmedida. Nos encontros com Jesus, geralmente as pessoas saíam felizes, mas houve um, em especial, em que uma pessoa saiu triste. Foi o do jovem rico. Sua tristeza era por não saber dividir, um dos pecados capitais.

Com um dízimo forte, você tem uma Igreja forte, uma estrutura e uma vida de evangelização fortes. Acredito que toda paróquia, por menor que seja, necessita de uma estrutura básica: um carro de som para evangelizar; uma sala bem montada para a PASCOM, para gravar vídeos, áudios e uma secretaria bem organizada. O lugar deve fazer pensar em acolhimento. E, na vida da paróquia, tudo isso depende do dízimo.

Há uma perspectiva de implantar esse projeto em todas as paróquias de sua diocese?

Sim. Dom Eraldo ficou muito satisfeito com o nosso trabalho porque viu os frutos. Nós temos quarenta paróquias na diocese, e todas precisam dar os 12% à Cúria. Mas, se melhorarmos 100% o nosso dízimo, ele dará um salto. Teremos um saldo de participação das pessoas, porque elas levarão o dízimo no altar. Alcançaremos um aumento da consciência dizimal e da pertença à Igreja, além de um crescimento financeiro de 100%.

Então, a diocese poderá investir muito mais nas pastorais, nos encontros, nas formações, na construção do Centro de Treinamento, entre tantas outras coisas. Melhorando as paróquias, melhora-se a diocese. A intenção de Dom Eraldo em implantar esse projeto no maior número de paróquias possível é muito válida.

O fracasso financeiro é reflexo de um fracasso pastoral e da evangelização. Se as pessoas não estão contribuindo é porque não estão acreditando na Igreja; não estão se sentindo membros ativos. O senso de pertença está baixo; a autoestima, como leigos pertencentes à paróquia, está baixa. A colaboração é fruto de toda essa engrenagem de evangelização. Não se trata de pedir dinheiro; trata-se de conscientizar as pessoas. Elas vão à missa todos os domingos. Lá, há ventiladores ligados, usam-se os bancos, o som etc. Não é possível que, ainda assim, não haja consciência de que precisam ajudar! Falta conhecimento do Evangelho.

Temos um longo caminho pela frente. A proposta já foi levada a várias paróquias da diocese. Não se pode falar em conversão pastoral, que é um discurso muito eloquente, hoje, sem falar em conversão pessoal. Ou "arregaçamos as mangas", ou não seremos os protagonistas dessa Igreja que Cristo deseja.

14. Os santos: sinal do novo reino

Padre, a vida acadêmica não lhe tirou a dimensão devocional. O senhor tem algum santo de devoção?

Sim. Tenho um grande amor pelo meu anjo da guarda, por São Miguel Arcanjo e pelos arcanjos de modo geral. Rezo a São Miguel, como o anjo dos combates do dia a dia; a São Gabriel, como o anjo das boas notícias de Deus, e a São Rafael, como o arcanjo da cura. Tenho uma grande devoção a São Padre Pio, a Santo Antônio — a quem, desde pequeno, temia muito — e a São Francisco.

Se, de um lado, os santos apontam-nos o caminho da santidade e nos mostram que alguém foi capaz de viver em uma estatura de homem, alcançado pela graça, por outro lado eles nos envergonham porque, comparando a vida deles à nossa, vemos a distância que existe entre nossa mediocridade e a santidade.

A vida dos santos é um grande incentivo para quem deseja buscar a santidade. A dimensão acadêmica não consegue apagar isso. São Tomás de Aquino dizia que pouco conhecimento afasta o homem de Deus, ao passo que muito conhecimento produz o efeito contrário. Antes da encarnação do Verbo, a segunda pessoa da Santíssima Trindade era chamada de sabedoria, a qual nos revela um estilo de vida e é procurada pelo homem inteligente. Quanto mais crescemos na vida acadêmica, mais nos tornamos "amantes" da sabedoria.

Por que o senhor tanto temia Santo Antônio?

Devido à sua estatura de vida muito elevada, da qual me achava longe demais, chegando a me constranger. Se não levarmos a sério o Evangelho, a vida cristã ficará carente de correção e de ajuda. Eu via Santo Antônio como um homem forte, que vivia com retidão; o terror dos demônios. Sentia-me muito atraído pela vida franciscana e, ao mesmo tempo, tinha medo porque percebia uma profundidade e grande exigência do Evangelho. A imagem dele, com aquele manto marrom e o cordão de três nós, sempre me trouxe muitas inquietações.

Em sua casa, há imagens de alguns santos. Entre eles, um de minha devoção: São Padre Pio Pietrelcina. Tive, inclusive, a oportunidade de visitar seu corpo na Itália. O senhor fez o mesmo em 2009. Qual foi a sensação de estar aos pés do pobre capuchinho das aldeias italianas?

Estive lá com os bispos do Regional Nordeste III. Foi uma visita muito agradável. Naquele dia, tive a graça de almoçar com alguns parentes de São Padre Pio, pois estávamos com um grupo de bispos e arcebispos. Houve uma grande celebração com cardeais em uma missa campal. Visitei o convento todo, tirei fotos e pude ver o corpo dele de perto.

A sensação que tive foi a de estar de pé diante de um homem que lutara com todas as forças para viver o ideal da santidade, mesmo que, em alguns momentos, tenha sido incompreendido pela Igreja. Sua comunhão com Deus era tão profunda que ele conseguia muitos milagres para o povo ao qual se dedicava como pastor. Senti-me muito agraciado pelo privilégio de estar lá.

Na prática, o que a vida dos santos transmite ao seu sacerdócio?

A vida dos santos transmite-me a vivência de homens e mulheres que buscaram ser radicais na escolha e na vivência da Palavra de Deus. Pessoas que abandonaram a própria vontade. Isso me traz uma força interior muito grande e uma vontade de lutar pela santidade. Nenhum santo era triste ou carrancudo porque estava vivendo a castidade ou a simplicidade. Pelo contrário, se for para viver essa busca dessa maneira, não viva.

Há certo *hesicasta* francês que diz que, se você fizer uma vigília de oração, mas, no outro dia, amanhecer cansado, enjoado, sem tratar bem os outros, então aquela vigília não o aproximou de Deus; ao contrário, afastou-o. Se você fizer um jejum, e isso não o fizer uma pessoa mais feliz, livre e esvaziada de si mesma, não faça mais, porque a santidade é motivo de alegria para o homem. Os santos são pessoas felizes. E essa felicidade passa para o meu ministério.

Madre Teresa chegou a dizer que "a santidade não é um luxo para poucos, mas um dever de todos". É possível ser santo no século XXI? Mais: é possível ser santo nesta imensa secularização em que estamos imersos?

São Jerônimo dizia algo muito parecido, porém com um final um pouco diverso: todos somos chamados à santidade, porém nem todos atingirão certos graus dela. Não é luxo, é para todos, mas os níveis variam. A santidade é a liberdade interior; é o homem que se torna livre de si mesmo, das suas loucuras, das suas buscas tolas, do seu desejo de posição e poder, da sua carência de aplauso, da busca pelo prestígio para fazer a vontade de Deus. O homem santo é o homem livre. Quanto mais livre, mais santo; quanto mais santo, mais livre. Creio que esse seja um trocadilho meu que nos convida à reflexão.

Penso que, na Igreja, existem mais pessoas que lutam do que aquelas que se deixam vencer pelo mal. Se tivéssemos a possibi-

lidade de conviver com homens e mulheres que, diuturnamente, empenham seu tempo em uma busca sensata, provavelmente o mundo redefiniria sua ótica eclesial. Em, no mínimo, trinta anos de caminhada, o senhor pôde conviver com pessoas sérias em uma busca autêntica pela santidade. É possível dizer que elas foram essenciais à construção dessa imagem de beleza da Igreja?

Claro [*com assertividade*]! Essa convivência com pessoas que levam a sério a busca pela santidade é essencial a qualquer vocacionado. A partir dela, cria-se uma imagem de Igreja que poderá ser boa ou ruim, afetando toda a sua trajetória.

Há vários casos de jovens vocacionados que, no convívio com certas lideranças da Igreja, criaram uma imagem tão deturpada que eu diria que é quase incorrigível. São pessoas adoecidas que desencadearão doenças psicológicas e patologias espirituais naqueles com os quais conviveram.

O modo como vemos a Igreja é essencial, não só do ponto de vista institucional. O Papa Francisco tem insistido muito em que possamos ultrapassar a visão física e material, para alcançarmos uma visão metafísica, como Corpo Místico de Cristo. Ele é a cabeça; nós, os membros. A Igreja é essa "fábrica de santos". Há pessoas que erram; nós também erramos, mas a busca pela santidade deve ser maior em todos nós. Esse é o caminho seguro.

Ao longo desses trinta anos, viajei aos quatro cantos do Brasil, ora oferecendo palestras, ora participando, e pude conhecer pessoas de alto nível que buscavam a santidade. No Pio Brasileiro, em Roma, conheci pessoas muito santas e puras. Isso me ajudou a evoluir.

Devemos tornar mais visíveis certos testemunhos positivos que temos na Igreja, porque a imprensa só apresenta aquilo que é negativo. Além disso, precisamos ajudar as pessoas que têm uma imagem distorcida a respeito. Vejo como uma tarefa quase impossível, mas muito necessária: recuperar a imagem bela da Igreja Militante, que vive em comunhão com a Igreja Triunfante e com os santos.

Na Igreja, convivem o joio e o trigo; Caim e Abel; a iniquidade e a graça. Apenas no momento de ceifar conseguiremos distinguir o joio do trigo.

Uma frase de um santo para o final deste capítulo.
Recordo uma frase que li certa vez: "A pátria tem seus heróis; a Igreja tem os seus santos. O que são para a pátria os heróis, são para a Igreja os santos."

15. A volta às salas de aula

Retornando ao Brasil, em outubro de 2013, o senhor também foi convidado a dar aula. Essa era uma das motivações de fazer mestrado?

Ao ir a Roma, minha intenção era aprofundar-me na vida dos santos padres para poder servir melhor à Igreja, dar aula aos seminaristas, fazer direção espiritual. Inclusive, quando fiz o projeto para a Alemanha, pedindo uma ajuda de bolsa, apontei meu objetivo: ajudar na formação dos futuros padres. Outra motivação era o crescimento humano, pois estudar fora do país amplia a visão do mundo, da Igreja, de tudo.

O contato com o mundo acadêmico oxigena a vida intelectual. Para o senhor, dar aulas é um regozijo?

Sim, uma grande alegria. Não é só a questão de ser, na sala de aula, um professor, mas é tudo aquilo que envolve esse ambiente: as bibliotecas, os estudos, as publicações de obras, as novidades, os eventos, as palestras, as semanas teológicas. Desde que fui ordenado padre, sempre atuei em sala de aula. É algo com que me identifico. Dei aula em universidades; ministrei aulas de ensino religioso, em minha primeira paróquia e nos colégios do Estado. Era uma maneira de estar próximo aos paroquianos.

Tudo isso oxigena muito a vida do padre. Eu estudei com um padre francês, no Brasil, quando fazia teologia, e ele me aconselhou a nunca me limitar somente ao ambiente de uma paróquia porque é, de certa forma, muito restrito, com problemas pequenos. Eu deveria servir à diocese de forma mais ampla. Nesse sentido, dar aulas era uma boa opção.

Sempre valorizei a vida intelectual e era incentivado por Dom Gerardo. Ao longo dos anos, construí uma grande biblioteca e nunca deixei de fazer cursos. Participava de encontros de reciclagem, cujos temas variavam todo ano. Atualmente, leio todos os dias, busco aprofundamento. Estudo sobre psicologia para poder ajudar as pessoas, pois vivemos em um mundo desorientado. Se o padre não for uma referência, no sentido de lucidez, a cidade caminhará para uma grande ruína.

Em 2019 o senhor deixou de dar aulas. A rotina não mais o permitia. O senhor pensa em voltar à academia?
Sim. Eu deixei de dar aulas por um tempo limitado, um ano e meio, talvez dois. A rotina me impossibilitava. A paróquia é grande, com 36 comunidades; há a reforma da matriz, que exige a presença do pároco. No entanto, a vida acadêmica não se resume à sala de aula. Ela é importante, mas, como tenho uma biblioteca grande, posso continuar lendo, produzindo. Para este ano de 2020, meu desejo é produzir duas ou três obras. Penso em voltar à academia em breve, logo que o tempo me permitir. Convites não faltam, oportunidades também não, só preciso me organizar.

Doutorado é uma possibilidade?
Sim, penso muito em voltar à Itália, seja para aperfeiçoar algumas línguas antigas ou estudar outras, como o siríaco e o copta. Gostaria de aprender o alemão. E o doutorado é sempre uma oportunidade de beber da cultura. Estando na Europa, em um tempo exclusivo para o estudo, terei condições de fazê-lo.

16. A presença feminina

No Cristianismo, a mulher também tem o seu protagonismo?

A presença da mulher era muito constante na vida de Jesus. Havia muitas que o seguiam e até patrocinavam sua obra de evangelização. Depois, no início da Igreja, elas ocuparam cargos e funções muito especiais. Eram as viúvas, as profetisas, as virgens e as diaconisas.

Na lista dos mártires do primeiro século, há um grande número de mulheres: Blandina, Inês, Águeda, Luzia, Melânia, entre outras que deram a vida em defesa da fé e dos valores do Evangelho.

Nos primeiros séculos da Era Patrística, a mulher também teve lugar especial no seio da Igreja. São Jerônimo criou, em Roma, uma escola bíblica, formada quase exclusivamente para mulheres, senhoras da sociedade romana que estudavam, semanalmente, ao seu lado.

Ao longo da história, podemos também destacar outras figuras, como Santa Clara de Assis e Santa Mônica e as grandes santas de nome na Igreja, como Santa Teresa de Ávila, Santa Teresinha do Menino Jesus e tantas outras. Na minha vida, sempre tive alguma senhora que me ajudou, de alguma forma, a crescer na fé.

Todos somos cercados por mulheres que nos ensinam muito: a primeira catequista, nossa mãe e nossas irmãs. Dentro da Igreja, encontrei-as sempre com uma visão muito ampla. A antropologia feminina é um pouco diversa da nossa. Nós, homens, somos muito racionais, matemáticos, objetivos. A mulher é mais poética, mais sensível. Ela nos dá uma noção de dimensão da vida que, sozinhos, não alcançaríamos.

Na minha infância, catequistas mulheres marcaram-me muito. No seminário, havia uma presença que me ajudava muito: eram colegas, senhoras de paróquias que sempre tinham um conselho e uma acolhida muito favoráveis e se importavam conosco, como se fossem nossa segunda mãe.

Aquela Palavra do Evangelho de Cristo cumpre-se, quando Ele disse que aquele que deixar a casa de pai e mãe, por causa do Reino, encontrará cem vezes mais todas essas coisas aqui e, na eternidade, nem se fala[23]. As figuras femininas que encontrei ajudaram-me bastante no crescimento espiritual, humano, afetivo e a criar uma visão muito mais serena e sensível sobre o mundo. Em todas as paróquias pelas quais passei, sempre aparecia uma senhora que se destacava muito positivamente no sentido de presença, de apoio e de colaboração.

Também a minha irmã mais velha me ajudou muito a pensar. Ela era professora universitária, com experiência muito abrangente no campo acadêmico. Quando cheguei a Roma, pensei: "E agora? Quem será a presença feminina que Deus colocará no meu caminho para me ajudar a pensar a vida?".

Não digo isso como dependência, mas como necessidade, algo importante a ser valorizado. Tive, então, a graça de conhecer a doutora Patrícia Morelli, que trabalhava na biblioteca franciscana, onde o frei Raniero Cantalamessa fazia suas pesquisas para preparar homilias para retiros do Vaticano ou coisas assim. Ela tinha um trabalho muito próximo a ele. Com ela, pude estudar filologia clássica, aprofundei o

---

23. Cf. Mc 10, 29.

entendimento das línguas antigas, o conhecimento das palavras e a origem dos termos. Foi um convívio muito bom. Às vezes, no lugar das aulas, fazíamos muita partilha de vida.

Havia, também, uma doutora e psicóloga que me ajudou bastante a pensar as coisas do dia a dia. E agora, voltando ao Brasil, Deus colocou uma pessoa que me marcou muito. Uma senhora, casada com um ex-seminarista, que entendia muito sobre a vida. Ela era mestre em psicologia e estava cursando o doutorado. Durante um bom tempo, nutrimos uma bela amizade. Ela, morando em Recife; eu, em Tavares. Nossos laços duraram até que Deus a levou para a eternidade.

Entre todos os estados de vida, Deus o escolheu para ofertar a possibilidade de se unir a uma mulher. Qual relevância teve a figura feminina durante estes vinte anos?

Durante esses vinte anos, foi muito importante a figura feminina na minha vida. A mulher tem uma visão, um modo de se portar perante o mundo, que nos ajuda muito, assegura-nos sobre a visão que temos e nos dá facilidade de ver algo a partir de outras lentes, do arquétipo feminino.

Quem foram as mulheres que mais o inspiraram?

Há muitas mulheres no seio da Igreja que nos inspiram; seja pela coragem, pela determinação, pela profundidade da vida espiritual, pela busca, pelo modo como conduzem a casa, como mães de família. Em Roma, por exemplo, conheci uma senhora que me inspirou muito, Liza Camata. Ainda hoje temos grande amizade, comunicamo-nos pela internet. Ela me ajudou muito a refletir, deu-me apoio nas horas difíceis.

No Brasil, minhas irmãs, familiares, algumas amigas de infância e minha mãe me ajudaram muito a enxergar a vida de um modo muito positivo. Além de tantas outras com as quais tive a graça de conviver.

No seio da Igreja, a presença feminina não só é importantíssima, como é marcante. É preciso ter mulheres não apenas em funções, mas em postos nos conselhos econômicos, pastorais, nas coordenações, onde possam ter opinião. É inegável a grande contribuição que têm dado ao crescimento da Igreja. Isso se deve a esse jeito próprio de conduzir as coisas.

17. A angústia pelas injustiças do mundo

O que o angustia, hoje, na Igreja?

Há algum tempo, uma pessoa me fez essa pergunta. Eu não tive dúvida ao responder que era a ausência de profetismo. Há muita gente lutando por causas nobres, como os direitos humanos, inclusive, fora da hierarquia da Igreja.

Existem certos conflitos que se procuram evitar, sobretudo relacionados aos poderes constituídos, a fim de manter a paz e o equilíbrio da nação. No entanto, há certas situações em que o Papa fala do Vaticano para, depois, essa palavra ganhar um eco aqui. Sinto que, no interior da Igreja, há uma falta de profecia e vejo, ainda com mais preocupação, crescer uma tendência que acusa de comunistas os defensores dos direitos dos pobres.

A Igreja hodierna tem profetas?

Creio que há profetas, bispos, padres comprometidos com o Evangelho, e cada um assume uma profecia diante do seu contexto, da missão e do espaço que lhe foi confiado. Considero difícil, para um padre de interior, denunciar um conflito de nível nacional. Neste caso, as instituições e as organizações da Igreja que têm força e representatividade nacional o farão.

O meu trabalho de denúncia ou de profetismo deve estar circunscrito à minha comunidade. É importante dizer que, na Bíblia, o profeta tinha três atitudes fundamentais diante do povo. A primeira delas era proclamar a Palavra de Deus para as pessoas como boa notícia. Em segundo lugar, como disse o profeta Jeremias, era preciso destruir certas estruturas para construir outras. Denunciar aquilo que não está de acordo com o reino de Deus não é nada fácil. Exige uma coragem muito grande.

Em seguida, vem o terceiro ponto, um dos mais fáceis, que é consolar aqueles que estão abatidos e atribulados. É uma missão mais caritativa. "Dai pão a quem tem fome", ajude os depressivos. Dentro da Igreja, nos tempos de hoje, há muito profetismo, embora tenha diminuído. Temos medo da exposição, do conflito, do confronto, de perdermos a unanimidade. Certo dia, um grande bispo me disse que não podemos nos imaginar como líderes religiosos sem vivermos conflitos, tensões, momentos de desgastes, de ansiedade.

Nós sabemos que, na linguagem bíblica, o profetismo quer dizer anunciar a verdade, mesmo que isso lhe custe caro. O senhor considera-se um profeta?

Não me considero um profeta. Eu reservaria essa palavra para grandes homens, como Dom Hélder Câmara, Dom Pelé (Dom José Maria Pires), Dom Mauro Morelli, para grandes bispos do Brasil, para padres e leigos que fizeram trabalho de profetismo diante de momentos críticos da vida da nação. É difícil nós mesmos dizermos quem somos. O profetismo é um tema difícil de ser abordado pela Igreja, principalmente porque não estamos maduros. A profecia é fruto de um cristão que atingiu a maturidade tão elevada a ponto de ser capaz de derramar o seu sangue pela causa do Evangelho.

Como diz o apóstolo Paulo: "Tudo o que eu considerava como importante, hoje considero como esterco"[24] ou, como diz São Fran-

---

24. Cf. Fil 3, 8.

cisco: "Para ter o tudo, eu tive que renunciar ao meu tudo". E entre esse meu tudo está a imagem, o medo de perdê-la...

Padre Fábio, nós sabemos que o Papa Francisco, muito corajosamente, tem "desengavetado" pautas polêmicas, mas que devem passar por discussões necessariamente. O senhor diverge de alguma dessas atuações?

Não [*com assertividade*]! Eu creio que o Papa Francisco tem vivido momentos difíceis, até de solidão. Ele tem lidado com questões muito delicadas para a Igreja. Logo no começo do seu pontificado, a questão de Lampedusa, dos imigrantes, depois aquela pergunta sobre os homossexuais que lhe fizeram no avião, quando voltava do Brasil, à qual ele, com muita liberdade, respondeu: "Quem sou eu para julgar os outros?". De fato, só cabe a Cristo fazê-lo.

A Igreja é, sobretudo, um lugar de acolhida, um grande hospital para aqueles que precisam de cura, de tratamento ou de acompanhamento. É uma casa de recuperação para refazer as nossas forças. É um espaço de convivência entre as pessoas, estejam elas vivendo momentos de fraqueza ou momentos bons. Essa deve ser a sua marca. No entanto, Cristo disse àquela mulher pecadora: "Vai e não tornes a pecar"[25], ajudando as pessoas a enxergar o Evangelho como luz, capaz de transformar a vida.

Creio que, quando escrevemos algo que foge ao senso comum, coisas que sabemos que não agradam a todo mundo, estamos exercendo a missão do profetismo. Portanto, de certo modo, considero-me profeta. Thomas Merton, grande monge, dizia o seguinte: "Se você quiser escrever pensando milimetricamente em agradar a todos, não valerá a pena publicar, porque não será nada que realmente promova o crescimento pessoal". Você dirá o que já está sendo dito, e o pro-

---
25. Cf. Jo 8, 11.

feta é alguém que tem coragem de dizer o que as pessoas precisam escutar, mesmo que não gostem.

Como profeta, sinto-me na obrigação de cumprir meu dever de consolar as pessoas, de anunciar o Evangelho, mas sempre que tenho de fazer uma denúncia, o faço com muita responsabilidade, sem usar o púlpito. Nós, padres, não devemos usá-lo como espaço de política partidária. Devemos ter coragem de enfrentar os problemas. Eu costumo visitar as pessoas, sobretudo os políticos, quando vejo que estão saindo dos trilhos, e tenho uma conversa franca, falando-lhes aquilo que o Evangelho tem a lhes dizer. Nesse ponto de vista, sinto-me profeta, mas sei que ainda estou longe do profetismo daqueles que marcaram a vida dos antepassados no Antigo Testamento.

O caminho do profeta também é um caminho de solidão, sem unanimidade, sem aplausos, sem festas. O Papa tem experimentado muito isso. Ser profeta é saber que sua presença causará constrangimento a algumas pessoas que estão comprometidas com coisas que não têm nada a ver com o Evangelho e que, até mesmo no interior da Igreja, sua presença não será bem-aceita em todos os setores.

A palavra do profeta incomoda. Não que ele tenha sempre a verdade, mas, como fala em nome de Cristo, pela causa do Evangelho, tem sempre algo a comunicar que é capaz de queimar o coração e conduzir o indivíduo ao encontro da verdade, a qual o libertará. Muitas verdades sobre o homem são tão duras que não podem ser ditas.

"O que é a verdade?",[26] perguntou Pilatos a Jesus. A verdade suprema é Cristo, mas há uma verdade sobre cada situação, sobre cada pessoa. No caso em questão, era muito dura, de modo que Pilatos não estava pronto para acolhê-la. Depois de condenar Jesus injustamente, foi tomado por um grande conflito e, certamente, pensou em tantos a quem fizera o mesmo. Havia lavado as mãos naquele momento para não condenar Jesus e lavou uma segunda vez, com o próprio sangue, cortando os pulsos.

---

26. Cf. Jo 18, 38.

Naquele momento, Cristo não respondeu o que era verdade, porque ela estava diante dele. Haverá um momento em que o homem se deparará com a verdade sobre si mesmo, e nesse momento não haverá espaço para máscaras, subterfúgios, mentiras ou, como costumamos dizer, colocar a culpa no outro, na sociedade. Cada um terá de assumir sua parcela de responsabilidade na sua caminhada de fé como pessoa.

O momento último do encontro com Deus será claro, com uma luz tão grande que tomará conta do homem e o impedirá de mentir. Devemos, ao longo da vida, acostumarmo-nos a essa luz para que, na hora da morte, não nos cegue.

Há uma frase de um grande hesicasta francês que diz que, no momento final, muitos ficarão, assim como cegos, ofuscados por uma luz muito intensa, não por assim sê-lo, mas porque não passaram a vida preparando os olhos para acolhê-la. Ou seja, nunca procuraram conhecer de perto essa luz que ilumina todo homem, que é o próprio Cristo.

Eu jamais ousaria divergir de algumas dessas posições do Papa, assim como vejo, em muitos vídeos ou comentários, na internet, pessoas tentando denegri-lo ou lhe fazendo associações negativas. Como disse o escritor italiano Umberto Eco, a internet deu vez a muita gente para dizer bobagens; coisas que só se diziam no botequim mais baixo e, agora, se dizem *online* para todo mundo ver. O anonimato impulsiona esse tipo de comportamento, que toma tempo de quem se dispõe a fazê-lo.

Na época em que o Papa Bento XVI assumiu, houve uma reação muito forte entre os setores de determinado grupo da Igreja. Ele era muito sério, tentava resolver os problemas, enfrentava-os, sem escondê-los. Mesmo quando eu não concordava, não com que o Papa dizia, mas com aquilo que algumas pessoas faziam nos seus pronunciamentos, distorcendo suas falas, ainda assim colocava-me obediente à Igreja.

Quantas vezes fui destinado, como vigário, a paróquias para onde fui sem querer, apenas por obediência à Igreja. E, nessas ocasiões, pude aproveitar a graça de Deus, colher os frutos da obediência. Por isso, mesmo vivendo momentos difíceis ou mesmo que os líderes da Igreja pareçam confusos, injustos ou não tenham clareza sobre o caminho a ser percorrido, creio que o diálogo seja sempre a melhor alternativa. Não devemos nunca pensar na trágica possibilidade de romper com eles. Seria uma traição ao Evangelho, seria trair Pedro; o Papa é Pedro, onde ele está, está a Igreja. Logo, em momento nenhum devemos fazer oposição.

Quando morava em Roma, eu via o Papa Bento, com muita humildade, ao escrever qualquer coisa, consultando teólogos e, às vezes, sendo criticado. Ele consultava patrólogos muito famosos, teólogos da gregoriana do mais alto nível. Por que será que o fazia? Não era por falta de preparo nem por não estar à altura de escrever, mas porque buscava um equilíbrio em seus escritos, de modo que não rachasse a unidade da Igreja.

Ele queria proclamar a verdade do Evangelho, mas sem trair sua tradição e seus ensinamentos, então procurava estar em comunhão com aquilo que dizem os biblistas, os teólogos e os patrólogos. Quando escrevia algo social ou ligado à moral da família, procurava alguém também da Faculdade Santo Afonso para se orientar. Ele foi um grande exemplo de alguém que, mesmo sendo sábio e com tantos doutorados, procurava sempre se acercar de pessoas muito entendidas que o pudessem conduzir à unidade.

Com seu grande amor pela Igreja oriental, o senhor se disporia a viver uma experiência com os ortodoxos, por exemplo?

De fato, tenho um grande amor pela Igreja oriental, que, junto com a ocidental, como disse um teólogo, são os dois pulmões da única Igreja de Cristo. São como irmãs gêmeas siamesas que não podem ser separadas. Historicamente, houve conflitos e momentos de grande tensão entre Oriente e Ocidente, não advindos da espiritualidade, mas, sobretudo, de questões do ponto de vista político-social e cultural também. Eu admiro muito a Igreja oriental. Há um patrimônio comum entre as duas Igrejas: alguns santos são venerados por nós e por eles também. Tais pontos em comum precisam ser valorizados no convívio entre ambas.

Quando se fala de Igreja oriental, refere-se a todo um patrimônio de mística, de espiritualidade, de grandes homens, de uma teologia poética que se expressa na iconografia. São costumes antigos, de uma tradição antiga. Os Monges do Deserto continuam a habitar o Monte Atos. É um dos lugares que desejo conhecer. Tendo oportunidade, gostaria de passar, pelo menos, uma semana ou um mês com eles.

Creio que é uma vivência mística que não se deve desprezar. Muitas vezes, em Roma, quando estava na Paróquia da Sagrada Família, na Diocese de Piacenza, eu ia, de manhã, rezar na igreja dos ortodoxos. Nesse período do dia, tenho um horário mais vago. Então acordava, tomava café, atendia alguém, ajudava em alguma coisa e, depois, ia para lá. Os padres ortodoxos rezam o ofício juntos. Eu rezava, contemplava os ícones. Eles têm muito a nos ensinar, em termos de contemplação, de meditação, de silêncio. Em algum momento, esse patrimônio espiritual todo foi nosso também.

Eu não ficaria na Igreja ortodoxa, mas teria uma experiência no Monte Atos. Iria com muita vontade e disposição. Seriam dias rezando e bebendo dessa tradição de mais de mil anos que está ali, viva, em um lugar que tem, inclusive, relíquias da fé cristã.

18. A esposa

Segundo o Anuário Pontifício de 2018, a Igreja conta com mais de 1 bilhão de fiéis, número que vem aumentando ano a ano. Para tantos povos e culturas, a Igreja possui diversas expressões. O senhor conseguiria encaixar-se em um perfil?

A Eclesiologia nasce de uma Cristologia. Então, cada perfil tem a ver com o modo como pensamos Cristo, se nós o pensamos. O apóstolo Paulo diz que nós não podemos fugir da Cruz nem construir uma Eclesiologia sem ela[27]. O livro do Apocalipse também diz que, nos últimos dias, virá um lobo disfarçado de cordeiro, e nós perceberemos que não se trata do Cordeiro de Deus porque lhe faltarão as marcas da paixão[28].

Uma religião sem a Cruz seria uma espécie de Cristianismo *à la carte*, em que cada um escolherá aquilo que lhe convier. Creio que essa Eclesiologia não é boa e devemos evitá-la. É preciso construir uma Cristologia que passe, necessariamente, pela Cruz e pela Ressureição. Se pensarmos apenas em um aspecto, construiremos uma Eclesiologia necessitada e carente, que precisa crescer.

---

27. Cf. I Cor 2, 1-4.
28. Cf. Ap 13, 11.

Portanto, existem muitas eclesiologias no interno da mesma Igreja, porém a do Concílio Vaticano II, confirmada depois nas conferências, é aquela que devemos abraçar.

Então, existe uma Eclesiologia ideal?

São perguntas que nos fazemos todos os dias, mas o convívio, desde jovem, com as muitas realidades da Igreja, com os vários modos de pensá-la, fez-me caminhar, procurando ser um homem da síntese, não um homem dos extremos.

De fato, existem muitos modelos eclesiásticos que convivem dentro da mesma Igreja. Reside uma grande riqueza no fato de existirem muitas expressões e modos de viver a fé, desde que não haja intolerância. Ver que o irmão reza e vive a fé de maneira diferente não deve ser motivo de angústia.

Existe uma Eclesiologia ideal? Todas nascem de uma Cristologia, do modo como entendemos Cristo. Se o entendermos e quisermos exaltar apenas o seu lado divino, nascerá uma Eclesiologia que poderá desprezar o corpo e viver de supremacia e apoteoses.

O grande conflito que pairava na cabeça dos antigos: como duas naturezas podem conviver dentro de uma única pessoa? Como o Verbo de Deus pode se fazer carne, pequeno e simples? Muitos padres antigos debruçaram-se sobre o tema da encarnação. Eram chamados padres do Verbo e tratavam de como, em Cristo, havia duas naturezas. Porque uma Eclesiologia malformada é fruto de uma Cristologia ineficiente.

Se eu penso apenas na natureza humana de Cristo, pensarei na Igreja como uma ONG, ou seja, como um grupo de pessoas de bem que se reúnem, mas sem o sobrenatural. Isso também seria reduzi-la demais, pensá-la somente como um grupo ou sociedade. Por mais perfeita que fosse, seria apenas uma sociedade, como diziam os antigos, "*societas perfecta*". No entanto, a Igreja extrapola esse conceito por ser divina, por ser o Corpo Místico de Cristo.

Dizem que, quando ele ainda era cardeal, ofereceram ao purpurado Bergoglio um cargo na Cúria romana, ao que ele respondeu: "Por favor, na Cúria eu morreria". Como todos sabem, ele é um homem que detesta o carreirismo eclesiástico. Já o repreendeu diversas vezes, ao tocar na temática. Em tempos em que se fala tanto em meritocracia, qual leitura pode-se fazer da Eclesiologia franciscana?

O Papa disse, certa vez, na Casa de Santa Marta, que o carreirismo é uma grande doença no interior da Igreja. Mas é também uma grande doença da sociedade de modo geral porque uma pessoa, para progredir, veste-se de anjo e, com uma grande túnica, encobre todos os seus defeitos. Para ocupar um espaço na Igreja, muitos padres perdem coisas que são essenciais à vida presbiteral. A primeira delas é o amor a Deus, ao próximo, à simplicidade. Tudo passa a ser calculado na medida de uma possível promoção, então se perde o espaço para a espontaneidade. A pessoa torna-se escrava de uma ideia falsa de Igreja. O objetivo da vida cristã deixa de ser a santidade e passa a ser conseguir o poder.

Por causa do carreirismo, poderíamos desaguar em um cenário de tristeza: cabeças pequenas com mitras muito grandes; dedos de pessoas sem grandeza, carregando um anel de tanta dignidade; gente que chicoteia e chuta as ovelhas andando com báculo, como se fosse um pastor.

São contradições de quem nunca se preparou para exercer nenhum ministério na Igreja. É como o homem que entrou na festa sem as vestes nupciais. O dono da festa lhe perguntou que política usara para chegar ali. E, então, diz o texto que ele foi lançado fora.

Portanto, existe carreirismo em todos os setores da sociedade. Cristo, quando foi ao banquete, na festa dos fariseus, observou que as pessoas procuravam os primeiros lugares e se acotovelavam para ver quem sobressaía. Certo dia, falando sobre Cruz, observou os discípulos discutindo entre si quem seria o maior ou primeiro no

Reino dos Céus. Portanto, essa sede pelo poder é muito antiga entre os seres humanos. Precisamos ter cuidado para não construir uma Eclesiologia baseada nela.

Claro que os próprios leigos contribuem para isso. Quando um padre está desempenhando bem o seu papel, alguma família diz-lhe: "Ah, você não é padre para essa paróquia pequena. Deveria estar em uma catedral ou paróquia maior". Ou, às vezes, quando a pessoa é transferida, sempre há quem diga: "Ah, por que você foi transferido para uma paróquia menor? Você está sendo rebaixado".

Com isso, os leigos também têm essa noção de poder dentro da Igreja, e não de serviço. Note que muitos se acotovelam, lutam para ver quem manda. Há muitos leigos que, se não estiverem coordenando, não aceitam estar em uma pastoral; não aceitam ser ovelhas. Há pessoas que, se não tiverem os primeiros lugares, o microfone de quem fala e a caneta de quem manda, não aceitam caminhar e ser umas com as outras. Essa questão do carreirismo afeta toda a Igreja, não só os padres.

Como dizia o Papa, o carreirismo destrói o amor porque o Evangelho deixa de fascinar a pessoa. A figura de Jesus não ocupa mais a centralidade. Abre-se espaço para as "fofocas eclesiais".

A segunda perda, sobre a qual o Papa falou em relação ao carreirismo, é a fé. A fé em Deus e no homem, que passa a acreditar somente nas suas possibilidades e no seu jogo mesquinho, pensando no que deve fazer para ocupar tal posto na Igreja. É aí que começam os acordos e comportamentos que fogem totalmente ao Evangelho.

Muitas vezes, para alcançarem espaço e notoriedade, as pessoas jogam o Evangelho fora. Ele passa a não ter mais o valor devido em suas vidas. Conheço bons padres que foram convidados a assumir o Episcopado, mas não aceitaram. São, na verdade, bispos sem mitra e sem báculo. Gente que não carrega um anel de dignidade episcopal no dedo, mas que tem muita virtude, verdade e integridade no que diz; não carregam um báculo na mão, mas exercem um pastoreio belíssimo junto ao povo.

Eu estava em Roma quando houve uma assembleia para bispos recém-ordenados. Foi o primeiro encontro que o Papa Francisco fez para eles. O pontífice falou sobre o carreirismo da seguinte maneira: "Senhores bispos, não estejam regendo ou governando uma diocese e de olho em outra, como quem está preso a uma esposa, mas com o coração e os olhos em outra". Ele alertava os bispos que fossem fiéis à sua esposa — à Igreja que Cristo lhes confiou. Esse ensinamento serve também para nós, padres, porque, muitas vezes, estamos em um lugar, mas de olho em outro maior, mais rico, com mais potencialidade.

Devemos fugir disso. Se você está em uma paróquia, deve se dedicar cem por cento a ela; deve empenhar ali toda a força do seu coração, da sua mente e da sua alma. O pior interior da Igreja são os jogos que se fazem para chegar ao poder; são as alianças, as conversas e articulações. Tudo isso é detestável aos olhos de Cristo. Que tenhamos em mente a lição do Papa aos bispos para que não fiquem de olho na "esposa" dos outros, mas que sejam pessoas realizadas, que amem a sua diocese.

Do mesmo jeito, nós, padres, devemos viver nossa vocação em nossas paróquias, sem pensar nas que estão sob a pastoral de outro colega. Creio que, quando passarmos a viver essa liberdade do Evangelho, nossas paróquias também a viverão. Quando nós, padres, formos livres, nossos leigos, vendo nossa liberdade diante do poder, se sentirão também muito livres. Devido a essa política louca, acabamos trazendo para dentro da Igreja absurdos próprios da disputa pelo poder civil.

Recordo, por fim, as palavras do Santo Padre, o Papa Francisco, em Moçambique, sobre o tema: "Perante a crise de identidade sacerdotal, talvez tenhamos de sair dos lugares importantes e solenes; tenhamos de voltar aos lugares para onde fomos chamados, onde era evidente que a iniciativa e o poder eram de Deus. Muitos se acostumaram aos cargos de chefia e não aceitam voltar a ser vigários paroquiais e confessores. Alguns sacerdotes criaram empresas e, com elas, enriquecem-se cada vez mais; outros vivem um sacerdócio sem vontade! Às vezes, sem querer, sem culpa moral, habituamo-nos a identificar a nossa atividade cotidiana de sacerdotes com certos ritos, com reuniões e colóquios, onde o lugar que ocupamos na reunião, na mesa ou na sala é de hierarquia".

O poder do inferno poderá vencê-la?[29]

Na verdade, essa tradução do grego é bem interessante porque não é o inferno que ataca a Igreja, mas a Igreja que ataca o inferno. Os livros apócrifos dizem que Jesus, quando desceu à mansão dos mortos, não o fez tremendo. Ele era Senhor e, com um único grito, quebrou todas as portas do inferno e todos os grilhões que prendiam os homens que estavam depositados na sombra da morte desde o início da criação, desde Adão até o último.

Um quadro da Igreja ortodoxa mostra Jesus, naquele momento, como se iniciasse uma grande dança, tirando do inferno, do poder da morte, aqueles que estavam presos. Ele vem à frente, conduzindo como se fosse uma ciranda, pegando na mão de Adão, que segura na mão dos profetas e vem subindo da mansão dos mortos. Ou, como Moisés, que atravessara o Mar Vermelho, Jesus, agora, atravessa o mar de chamas do *xeol*, para tirar de lá aqueles que eram Dele.

O inferno não tem poder para vencer a Igreja. Basta um pequeno palito de fósforo, quando aceso, para iluminar uma sala inteira. Então, por maior que seja a escuridão, basta uma pequena fresta de luz e se destrói toda a escuridão. É a Igreja, com a sua luz, que ataca o inferno.

Há um texto bonito em que um monge antigo do deserto, estando na sua cela, é tentado pelo demônio, para o qual pergunta: "Por que me ataca?". A resposta vem certeira: "Na verdade, não sou eu que

---

29. Cf. Mt 16, 18.

o ataco. É você quem me ataca todas as horas com as suas orações". Provando, mais uma vez, que não é o inferno que ataca a Igreja; é a Igreja que, constantemente, o faz. As portas do inferno não resistirão à força do amor.

Então, aqueles que estão trancados na sombra da morte podem ser resgatados, desde que o cristão, com muito amor e sabedoria, deseje entrar e ir abrindo as portas do inferno, com a força da Palavra e do Espírito Santo.

19. Imperfeição

Na primeira carta a Coríntios, São Paulo admite que nós somos limitados[30]. Ser limitado é fraqueza?

Claro que não. Penso que todas as coisas são limitadas e a condição humana também o é. No livro de Jó, fala-se que, quando Deus criou o mundo, até o mar foi delimitado[31]. Vivemos em um mundo de coisas transitórias. Limite significa ter começo, meio e fim. Não estamos falando de coisas eternas.

Não sabemos falar todas as línguas; não sabemos a cura para todas as doenças; não podemos fazer certas coisas que gostaríamos. O ser humano é limitado, mas isso não significa que é fraco. Limite é percepção de que todas as coisas têm um contorno. Estando aqui, neste plano material, tudo é limitado. Somente na eternidade experimentaremos o que é ilimitado.

O apóstolo Paulo diz: "Na minha fraqueza é que me sinto forte"[32]. Na fraqueza dele, apoia-se na força de Deus e faz como o apóstolo Pedro, que, afundando na água, gritou "Salva-me, Senhor!"[33], estendeu a mão, e Deus o puxou.

---

30. Cf. I Cor 13, 9.
31. Cf. Jó 38.
32. Cf. II Cor 12, 9.
33. Cf. Mt 14, 30.

Um rabi antigo escreveu uma poesia na qual dizia que Deus fez coisas muito fortes: "No mundo, foram criadas dez coisas duras (como sinônimo de durabilidade). A montanha é dura; mas o ferro pode rachá-la. O ferro é duro; mas o fogo pode dobrá-lo. O fogo é duro; mas a água pode apagá-lo. A água é dura; mas as nuvens levam-na embora. A nuvem é dura; mas o vento a carrega. O vento é duro; mas o corpo humano lhe resiste. O corpo humano é duro; mas o medo o faz tremer. O medo é duro; mas o vinho o expulsa. O vinho é duro; mas o sono o vence. A morte é mais forte que todas essas coisas. O amor, no entanto, somente ele, vence a morte e dela nos liberta".

É compreender que a fragilidade é algo que nos acompanha. Se existe imperfeição, também existe perfeição. Assim, posso me aperfeiçoar inspirando-me na perfeição de Cristo para que, com ele, tenha a dignidade de estar.

Como o senhor bem sabe, a palavra "perfeito" vem do latim *perfectum*, que quer dizer "feito até o fim". Salvo Cristo, alguém é feito até o fim?

Não. Estamos todos na mesma condição de pessoas que estão sendo construídas aos poucos. O ser humano só conclui sua caminhada no momento da morte. Ali, é feito até o fim, atinge seu máximo, seja em virtudes, sabedoria, grandeza. A morte congela o homem em seu máximo.

Cristo é o modelo do homem perfeito, do homem integrado em todas as suas dimensões, sejam elas afetivas, espirituais ou humanas. Não somos perfeitos porque não somos integrados. E essa fragmentação dá-nos a certeza de que temos muito a caminhar para poder atingir a perfeição e a integralidade do perfeito.

São Jerônimo até dizia que existe um nível de santidade e perfeição que nem todo mundo é chamado a viver. A condição angelical também não é nossa, dada a nossa limitação. Um santo não é aquele que nunca pecou, mas aquele que caiu e levantou, sabendo agarrar-se à graça de Deus.

De fato, não há perfeição entre nós. É bom que aprendamos a conviver com essa imperfeição até para não nos julgarmos maiores ou melhores que os outros, assim como fez Pedro ao ver Jesus operar na pesca milagrosa, tendo-lhe dito: "Afasta-te de mim, Senhor. Sou pecador"[34].

Jesus respondeu, quebrando a expectativa. Manteve-se próximo, justamente pelo fato de Pedro ser pecador; crendo que, com sua amizade e proximidade, surgiria um homem melhor. Fomos criados para ser santos, mas a santidade significa sermos separados do comum, não perfeitos. Só Deus é perfeito. Como diz a bela música de padre Fábio de Melo, somos contradição, só Deus é coerente, só Deus acerta sempre.

O senhor é um leitor voraz de livros de psicologia. Atende diversas pessoas, diariamente, com situações conflituosas. Essa ansiedade, quase epidêmica, deriva da ausência de autoconhecimento e de uma boa relação com sua imperfeição?

Creio que a ansiedade é, em primeiro lugar, a incapacidade de viver o momento presente. É o homem que ou está preso ao passado, revivendo alguma experiência negativa, ou está no futuro. Está na missa, por exemplo, mas a cabeça está flutuando, lembrando das necessidades diárias e dos afazeres comuns.

A ansiedade também é filha de um desejo do homem de se construir, sem se abandonar aos cuidados de Deus. Não quer ser filho nem ovelha; quer ser pastor de si mesmo, mas isso não é possível. O homem não se basta. Ele precisa de Deus.

O falso padrão de felicidade que a sociedade criou é um ponto bem interessante. Existe padrão para tudo. As pessoas correm para fazer cirurgias plásticas, intervenções de todas as formas para se tornarem mais belas, como se a beleza física pudesse dar ao ho-

---

34. Lc 5, 8.

mem todo bem-estar de que precisa. A ansiedade também é fruto da incompletude.

Há uma lenda grega que fala do homem no Princípio, dizendo ser ele bem maior; em vez de quatro membros, possuía oito e, por causa do pecado, dividiu-se ao meio, em parte masculina e feminina, sendo elas complementares. Essa ansiedade que o homem vive é uma saudade do Paraíso; uma angústia por tê-lo perdido e por não saber se, um dia, ainda viverá essa relação de perfeição e de inteireza, integrado a Deus e a si mesmo.

O mundo planta sonhos, prega uma felicidade impossível de alcançar, por isso precisamos entender que ou o homem entrega-se aos cuidados de Deus, ou não experimentará a cura para a ansiedade. Ela é fruto de um mundo altamente acelerado, de um homem desumanizado que é tratado como máquina. Ter de cumprir prazos e bater metas, por exemplo, também é fonte de ansiedade para o ser humano. A comparação de querer ser maior ou melhor que o outro agrava ainda mais o quadro.

As pessoas debruçam-se sobre vários assuntos, mas não param para pensar sobre si mesmas. O livro do Gênesis diz que Deus, todas as tardes, passeava no Paraíso com Adão, "batendo um papo".

Nós nos perdemos de nós mesmos e paramos pouco para fazer esta caminhada, seja conosco ou com Deus. Muitos já escreveram sobre essa perda de identidade. Padre Fábio de Melo escreveu o livro *Quem me roubou de mim?*, uma tentativa de dizer que a perda se dá por conta da relação com pessoas adoecidas emocionalmente e desencontradas.

Há uma falta de autoconhecimento. O homem não tem se debruçado sobre si mesmo, embora o faça com muitas questões do cotidiano. Além disso, não aceita suas imperfeições e seus limites, o que é outro problema grave.

Temos limites, tensões, medos. Dentro de nós, moram muitas realidades. Mora um Dionísio que deseja o vinho — coisas que nem sempre são tão belas —, assim como mora um Apolo, o virtuoso, que deseja a beleza. Vivemos muitos conflitos, nesse sentido, pela falta de autoconhecimento. Se pararmos para pensar que muitos casais se separam poucos meses depois do casamento, chegaremos a uma conclusão de que, se a pessoa não se conhece, não pode dar-se ao outro.

O autoconhecimento é necessário em todos os sentidos, incluindo na vida sacerdotal. Se o padre não tem uma consciência tranquila sobre quem ele é, como poderá doar-se aos outros e servir ao próximo?

Acredito que, talvez, no coração da ansiedade do mundo moderno, uma das coisas que se encontra é a falta de abandono. O homem que pensa ser capaz de bastar-se a si mesmo. A questão do autoconhecimento, da relação com sua imperfeição, deve existir para que ele vença diariamente a ansiedade.

O senhor parece ser sempre um homem afetuoso com as crianças, com os jovens e com as famílias. Desde sempre foi assim?

Acredito que, ao longo do tempo, vamos aprendendo muito. Aquele ditado antigo que diz "O espinho que tende a furar, de pequeno traz a ponta" faz-me lembrar que sempre fui muito afetuoso com as pessoas, embora tenha amadurecido em relação a isso com o passar do tempo. A nossa vida é basicamente relação com o outro, relação consigo mesmo; é o passeio no jardim do coração cotidianamente.

Agostinho diz: "Deus estava dentro de mim, me procurava, eu é que não me encontrava dentro de mim porque sempre estava disperso e me perdia ocupando-me com as coisas, enquanto Deus me aguardava na minha sala mais secreta". Sempre procurei ser afetuoso com as pessoas porque acredito muito no poder da comunicação, do abraço, do afeto entre as pessoas. Um beijo, um abraço não custam nada.

Os antigos tinham, nesse aspecto, uma espécie de fraqueza. Nossos antepassados não gostavam de beijar, de abraçar, mas, hoje, vê-se o quanto isso é necessário para que a pessoa viva equilibrada.

Se existe um sentimento de afeto, é muito importante procurar desfrutar dele com o próximo.

A figura de um padre afetuoso marca bastante a vida das crianças, dos jovens, das famílias. Às vezes, acaba a missa e a pessoa fica esperando aquele abraço ou beijo que, talvez, em casa não tenha. Ou alguém que esteja disposto a escutá-la. O padre faz um pouco esse papel de um "paizão". Particularmente, gosto muito disso. Terminadas as missas, não saio correndo, fico cerca de meia hora para fazer um pouco esse papel. Isso colabora muito para a evangelização. Quando existe uma abertura para viver o afeto, tudo fica mais fácil.

Dostoiévski dizia que a beleza salvará o mundo, e eu diria que a afetividade bem vivida e equilibrada salvará o mundo. Vivemos em um mundo muito raivoso, no qual as pessoas brigam por nada, escrevem palavrões umas contra as outras na internet, digladiam-se o tempo inteiro. O afeto é muito necessário na atualidade. Na verdade, sempre foi, mas hoje mais do que nunca. É um caminho de santidade, de purificação e elevação. Temos de ser afetuosos com as pessoas, não podemos tratá-las como tratamos as máquinas.

Sobre a amizade, um dos célebres filósofos do Império Romano, Séneca, disse: "É bom encontrarmos corações atenciosos, nos quais podes confiar todos os teus segredos sem perigo, cujas consciências receias menos do que a tua, cujas palavras suavizam as tuas inquietações, cujos conselhos facilitam as tuas decisões, cuja alegria dissipa a tua tristeza, cuja simples aparição te deixa radiante!". O senhor tem amigos assim?

Sim. Muitos! Aliás, não tantos em número, mas existem pessoas com as quais nos sentimos assim. Cícero escreveu um tratado sobre a amizade, falando que ela nasce dos valores e o que não nasce deles é conluio.

A Bíblia diz que quem encontra um amigo acha um tesouro. Quantos podem contar que "acertaram na Mega-Sena" por terem encontrado um tesouro? A amizade é uma coisa fina, por isso valorizo os amigos que tenho. Procuro dilatar meu coração, quanto mais eu possa, para poder amar. Sei que, como diz São João da Cruz: "Ao entardecer da vida, seremos julgados pelo amor".

Posso dizer que tenho grandes amizades assim. Com você, João, vivo uma dessas grandes amizades. A amizade do Pequeno Príncipe com a raposa que, ao aguardar o seu encontro, tantas horas antes, já alegra o coração. Existem pessoas cuja presença nos transfigura, e eu acredito muito nisso. Por vezes, a pessoa pode ser fechada, chata, e a amizade vai tornando-a melhor. Claro que ela pode transfigurar uma pessoa também para o mal. Precisamos estar atentos e discernir os relacionamentos.

É belo esse pensamento de Séneca porque valoriza muitos elementos importantes da amizade. Ela é coisa que brota de corações atenciosos. Decidimos dar atenção e acolher a outra pessoa, com seus limites e fraquezas, mas também com suas potencialidades. Na amizade verdadeira, há certo código de ética. Você percebe que existem coisas que de modo algum devem-se passar para outras pessoas.

Os cristãos consideravam Séneca um deles, pois todos os valores que defendia, do ponto de vista humano, estavam de acordo com os defendidos pelo Cristianismo: a justiça, a verdade, a honra, a coragem, o dever cumprido, a consciência reta, o cuidado para usar bem o tempo. Diziam que Séneca era cristão sem saber [*risos*]. Um cristão que não tem consciência de Cristo, mas vive os valores e as virtudes do Evangelho.

Um amigo não julga, facilita recomeços, aconselha e suaviza inquietações. Desabafar faz-nos ter uma outra dimensão dos problemas. A alegria dissipa a tristeza. Quando duas pessoas são muito amigas, o silêncio não as incomoda, pois se comunicam não somente por palavras, mas também pelo olhar. A simples aparição de um amigo ilumina.

Certo dia, fiz uma reflexão que se encaixa perfeitamente na relação de respeito ao próximo. Se alguém me abre o coração, tirarei a sandália dos pés e, respeitosamente, adentrarei o seu jardim. Alguns amigos e amigas, sejam leigos, padres ou bispos, por quem nutro grande respeito, marcaram-me muito. Todos eles me fazem um homem mais feliz!

O senhor é um homem de muitas amizades?

Creio que a meia-idade e o desejo de amadurecer tornam-nos bem seletivos. Não é que tenha muitas amizades, como quem imagina ter 5 mil amigos verdadeiros no Facebook. Sou uma pessoa fácil de me relacionar, mas a confiança é algo que brota devagar e, como diz o ditado, pode levar um segundo para ser destruída.

Colocamos cada pessoa que entra na nossa vida em um lugar, intimamente falando. Algumas, deixamos na sala; e outras, levamos para a cozinha, para ficarem conosco na intimidade. Existem graus de amizade, que é algo tão belo, tão profundo que, quando alguém de mau caráter me chama de amigo, acredito ser uma ofensa, dado o conceito que tenho sobre esse tipo de relacionamento.

O amigo é aquele que, diante do outro, abre o tórax e coloca a mão, apresentando-lhe o coração, assim como a imagem do Sagrado Coração de Jesus. Não se esconde na relação, mas se dispõe.

Um dos seus grandes amigos é o seu irmão, padre Antônio. Foi assim desde criança ou foi algo construído após se tornarem sacerdotes?

Nós não éramos muito próximos. Temos personalidades diferentes. Padre Antônio é muito existencialista e, por vezes, cético. Já eu tenho uma visão romântica da vida. Coloco açúcar demais onde não existe possibilidade de colocar. Nós temos temperamentos, comportamentos e modos diferentes de olhar a vida, mas depois descobrimos que isso poderia nos enriquecer. Sempre marcamos viagens juntos porque sabemos o quão proveitoso será.

Ele é mais lento; e eu, mais apressado. Preocupo-me por antecipação. Demoro mais a tomar decisões, pondero mais. Existem muitas diferenças entre nós, e fomos percebendo que elas não deviam ser motivo para nos afastarmos. Deveríamos, sim, vê-las como possibilidade de enriquecimento mútuo.

Começamos a construir essa amizade que veio a se fortalecer lá pelo ano de 2002. Eu havia chegado de um retiro, no qual rezei pedindo a Deus que me mostrasse alguém com quem pudesse conversar sobre tudo.

Essa pessoa é o padre Antônio. Ele é meu grande confidente. Rezamos e partilhamos experiências. Algumas vezes, concordando; outras, discordando, mas sempre buscando ajudar um ao outro. Ele sabe que, na minha vida, é um pai, um amigo, um irmão. Admiro muito nele o exercício do cuidado com o próximo. Sinto-me muito cuidado quando estou com ele.

Foi a pessoa ideal, porque somos sacerdotes e sabemos que só um padre compreende o outro, além disso somos irmãos de sangue, facilitando bastante. Estamos sempre próximos a um laço que nos une, diferente do sacerdotal. Temos uma casa em comum, onde fomos criados e onde ainda mora nossa mãe.

Minha amizade com ele foi construída como a casa feita sobre a rocha. Ou seja, é durável. Além de ter estrutura, tem beleza e leveza, calor humano, luminosidade, iluminação. Não construímos uma casa só com projeto de um engenheiro, também precisamos da ajuda de um arquiteto.

Ligamos um para o outro e conversamos demoradamente sobre muitas coisas, temores, problemas diários que procuramos enfrentar juntos. Quando eu estive distante, em Roma, sempre ligava para ele e conversávamos sobre a vida. Pela internet, procurava acompanhar seu trabalho na paróquia e escrevia-lhe palavras de apoio e de incentivo.

Sou apaixonado pelo Antônio. É um grande amor da minha vida, mesmo. Não tenho como descrever essa amizade, mas é algo muito belo que existe entre nós. Há confiança, o desejo de ver o outro crescer e a alegria com as vitórias um do outro. Quando não nos alegramos, celebramos ou aplaudimos as vitórias alheias, é porque a amizade não é em Deus.

20. O futuro

O poeta, escritor e dramaturgo italiano do século XVIII Pietro Metastasio afirmou que: "Não existe o passado: a memória o modifica. Não existe o futuro: a esperança o transforma. Só existe o presente, que está sempre sumindo". Não há como falar de forma cirúrgica do futuro, salvo pela nossa única certeza: a morte. Apesar de o senhor ser um padre de meia-idade, pergunto-lhe: o senhor pensa na morte? Tem medo dela?

Acredito ser um pouco difícil pararmos para pensar e raciocinar a esse respeito. Santo Agostinho dizia que, para ele, a ideia de tempo é clara, mas não conseguia codificar em palavras aquilo que lhe era alcançado pela mente e pelo coração.

Penso na morte como o encontro com alguém que já esperamos há um bom tempo; alguém que passamos a vida buscando, que é Deus. A morte seria a concretização desse encontro de maneira mais total. O ser humano carrega dentro de si uma saudade do Paraíso porque, na verdade, com a morte, regressaremos a um lugar conhecido, o qual nossos pais, Adão e Eva, já pisaram. A morte seria esse encontro com Deus, esse ir para o colo do eterno, deixar o que é vulnerável e transitório para entrar em uma realidade muito mais completa.

Penso que, assim como diziam os filósofos de Alexandria, precisamos de um corpo, o qual, às vezes, impede-nos de fazer aquilo que só a alma é capaz de realizar. É como se vivêssemos feito borboletas dentro do casulo e, com a morte, fôssemos liberados, sendo, portanto, libertos de tudo que é opressão; e não digo que o corpo é opressão, querendo ser dualista, mas que somos libertos do tempo, para vivermos na eternidade. A única necessidade será contemplar Deus, e o homem estará totalmente satisfeito em poder fazê-lo.

Penso que a morte é irmã gêmea da vida. Elas andam juntas. Jesus diz no Evangelho: "É preciso que o grão de trigo morra. Se ele não morrer, permanecerá um grão de trigo"[35]. Se, desde o começo dos tempos, todas as pessoas que nasceram ainda estivessem vivas, quantas pessoas teríamos neste mundo? Talvez os bens que temos não fossem suficientes para saciar todos. A morte é, sim, necessária para que o ser humano possa morar com Deus.

A grosso modo, penso que, durante a vida, precisamos ir desapegando, contemplando o filho de Deus, que é o homem perfeito e, a partir dele, fazermos as podas para que, na hora da morte, não estejamos "agarrados" a nada. Quanto maior o apego, mais difícil e dura será a morte. Ela é o beijo de Deus, o qual conduz ao eterno, põe no colo e sacia com o que realmente preenche.

Certa vez, numa conversa com a grande teóloga Lina Boff, muito preparada nesse aspecto, ela perguntou o que eu achava da morte e da eternidade. Eu, então, respondi que o que aconteceria conosco na morte é que estariam as almas todas juntas, sem misturas ou fusões, sem confusão, guardando a identidade, vivendo uma outra realidade com toda a humanidade de redimidos. Estarão, ali, os 144 mil de branco, com as vestes lavadas no sangue do Cordeiro, e eu espero estar entre eles [*risos*].

Jesus fala sobre a morte, contando a parábola das virgens: "Não sei de onde sois, qual a vossa origem"[36]. Já os outros 144 sabem; são aqueles que lavaram e alvejaram as vestes no sangue do Cordeiro.

---
35. Cf. Jo 12, 24.
36. Mt 25, 12.

Falar da morte é algo muito complexo. Os Monges do Deserto têm uma capela com crânios de monges falecidos. Ali, podem rezar e contemplar a realidade da morte de perto. A realidade presente é muito fugaz e não preenche tudo que esperamos. Por mais que sejamos felizes e realizados, sempre seremos, como diz Rodolf Otto, esburacados. Dentro de nós, haverá certo vazio. Por mais que estejamos em Deus, haverá uma angústia e uma ferida que só a ressurreição pode sarar. É a ferida da saudade do Paraíso perdido por Adão e Eva e, ao mesmo tempo, a ferida por não estarmos à altura do Evangelho.

Jesus falava da morte como um sono, uma passagem tranquila para a casa que realmente nos pertence, para a pátria definitiva. Os Padres da Igreja diziam muito que, estando aqui, devemos nos sentir sempre estrangeiros. Não devemos construir nada no sentido de apego. De uma hora para outra, o Patrão nos chamará para nossa verdadeira casa. O que devemos levar para lá é o que devemos viver aqui: as virtudes, as amizades, os bons convívios, os grandes amores.

São João da Cruz diz-nos: "Ao entardecer da vida, seremos julgados pelo amor". A morte é uma realidade muito presente. Morre um vizinho, um parente e, uma hora, seremos nós. Até certo momento, eu tinha receio da morte, mas hoje sinto-me muito tranquilo. Nesses vinte anos como padre, muitas pessoas morreram em meus braços. Trabalhava a morte em um processo de maiêutica, um parto, fazendo as pessoas saírem dessa vida para a eternidade. Muitas pessoas sentiam dificuldade de morrer porque não perdoavam.

Vejo a morte como uma realidade tranquila. É apenas uma enviada de Deus para nos levar a um portão grande e bonito, pelo qual queremos passar para encontrar o Eterno. Aquilo que for realmente nosso — nosso eu verdadeiro, nossa personalidade —, a morte não conseguirá tomar, atingirá apenas a casca. E é bom que a casca fique mesmo bem estacionada no cemitério, como se fosse um veículo. E o que é eterno realmente subirá para a eternidade.

Esta é uma expressão de liberdade. Lembrei-me de Jesus: "Ninguém tira a minha vida. Eu a dou livremente". A liberdade diante das realidades escatológicas.

Exatamente. Jesus comporta-se como alguém que não tem medo da morte. Aquele suor de sangue de Jesus era muito mais uma preocupação. Como judeu, Ele sabia como morriam as pessoas crucificadas, sabia que queriam matá-lo na Cruz, para humilhá-lo. A Bíblia fala de mulheres que ficaram à beira da estrada, chorando, enquanto Ele passava com a Cruz. Mas não é só essa realidade.

Havia o costume de as pessoas ficarem aguardando quem seria crucificado para cuspirem, gritarem, jogarem pedras, frutas podres e chamarem palavrões. No íntimo delas, aqueles que seriam crucificados eram criminosos que prejudicavam o dia a dia da população. Normalmente, um criminoso que morria na cruz passava por uma morte lenta, ficava cerca de uma ou duas semanas, e a família tinha vergonha até de pegar o corpo.

Jesus não tinha medo da morte. Quando Ele suou sangue, acreditou muito mais na morte, no sentido humilhante pelo qual se dera em sua realidade. A passagem pelos açoites já quase lhe tirara a vida. Ele suportou, mas morreu no mesmo dia na Cruz. Um gladiador, por exemplo, passava cerca de uma semana para morrer.

Na Cruz, Jesus fez várias orações e em nenhuma delas apresentou desespero. O grito "meu Deus, meu Deus, por que me abandonastes?" representou aqueles que se sentem, ao longo da vida, abandonados por Deus e pelos outros. Mas Jesus sabia que Deus estava com Ele e gritou para unir-se a tantos outros que não o sabem.

Recordo-me de Paulo Autran, quando diz que a vida só é maravilhosa porque é finita.

Exato. A vida é o período entre o nascer e morrer. Sabemos que temos pouco tempo. Precisamos cuidar para fazer o que temos de fazer aqui nesse curto período. Não há prorrogação. Estando em um leito de morte, não poderemos pedir ao Senhor que nos dê mais alguns anos.

A Bíblia fala de um homem que pediu a Deus essa prorrogação, e o Senhor lhe concedera mais uns anos. Normalmente, isso não acontece. Nesse tempo, devemos fazer tudo o que tem de ser feito para crescermos, amadurecermos e darmos bons frutos para que, ao final de tudo, possamos olhar para trás e não nos lamentar. A vida é um cheque em branco, dado pelo Senhor, para que o preenchamos como quisermos.

O sabor, o gosto e a cor da vida são dados por nós. Quem sempre vive se lamentando sofre muito mais, por estar vivendo como um espectador, como vítima do que os outros fazem. Cada um deve assumir a vida com o que tem de bom e de ruim e desfrutar de cada momento, seja de dor ou de alegria.

O alemão Walter Benjamin dizia: "Vejam... nasceu a criança, mas já é um futuro cadáver". Qual a melhor forma de viver plenamente a vida?

Abandonando-se em Deus. Viver cada momento, deixando que Ele conduza para, assim, vivermos com leveza. Sempre que colocamos peso na vida, acabamos por estragar sua beleza. O belo da vida é a espontaneidade.

Jesus chamou aquela criança no centro e disse: "Quem não for como esta criança não entrará no Reino dos Céus"[37]. Ele conseguia entrar na dinâmica do Evangelho, que expõe três condições para ser discípulo. Quem quisesse ser discípulo, teria algo a mais, não seria só "folia".

Primeiro, Ele exige esse apelo. Depois, que assumamos a Cruz. Posteriormente, que assumamos a condição de ovelha. Nem todo mundo quer ser ovelha, porque não é um papel de destaque. A vida tem um sabor novo quando a vivemos segundo a sabedoria do Evangelho, não segundo a nossa sabedoria e os nossos critérios.

---

37. Cf. Mt 18, 3.

Os santos tinham grande liberdade diante da morte. São Francisco, por exemplo, a chamava de irmã.

Sim. Os santos sabiam que morre bem quem viveu bem. Essa é uma frase minha que costumo citar sempre. A morte é uma consequência da vida. Quem viveu desastradamente, fora da luz, como agirá quando se deparar com ela assim, de uma hora para outra? Os olhos não aguentariam tanta claridade. Como seria o encontro com a Verdade Suprema?

Os santos falam da morte como um desejo de ir para junto de Deus, sem medo, pois viam o quanto o mundo é fugaz. Desejavam-na como porta para acessar a eternidade.

Já tinham morrido antes de morrer.

Exatamente! Por exemplo, quando tropas passavam pelo deserto, muitas pessoas fugiam. Os Monges do Deserto ficavam. Vários deles eram transpassados a fio de espada, mas sem nenhum tipo de choro ou angústia. Ficavam, aceitavam ser submetidos porque não tinham medo da morte. Já tinham morrido antes de morrer, estavam mortos para o mundo.

Quem é apegado demais à vida acaba estragando-a. Uma pessoa que poupa seu tempo, não quer se angustiar, não quer sofrer, quer viver sem passar por nenhum combate, nenhum tipo de luta, vive a vida mal. Mas a vida é isso. Jesus disse que ela é como a construção de uma torre para subir o mais que você puder. Se a sua torre for pequena, você será motivo de galhofa. Sem contar que sua vida será medíocre.

O Papa Francisco é uma grande esperança para a Igreja e para o mundo?

Claro, acredito piamente que sim. O Papa Francisco trouxe para a Igreja a coragem para refletir sobre temas que estavam parados, engavetados. Ele teve coragem de abrir certos processos que estavam fechados sobre a questão das canonizações. Provocou a reflexão sobre muitas questões polêmicas também.

Retomou o espírito franciscano tão necessário. Com a saída do Papa Bento XVI, havia, entre os cardeais, um desejo de renovação. A Igreja precisava voltar às fontes, à sua origem. O franciscanismo foi uma tentativa de que a Igreja voltasse a ser o que era nos dois primeiros séculos, antes da conversão de Constantino.

Vejo, no Papa Francisco, a coragem, a ousadia, a espontaneidade. Ele rompe e quebra muitos protocolos. Muitas vezes, quando eu trabalhava em setores que exigiam muita formalidade, ficava pensando em quem havia inventado a formalidade no mundo. [*risos*].

Não é algo tão bom estar o tempo todo engaiolado, engessado. Ele tem rompido a formalidade para mostrar que a Igreja se move de acordo com o sopro do Espírito Santo. Há muitos que não entendem isso.

Na época do Concílio, o Papa falou em um vento que renova todas as coisas, deixando uns assustados, outros com raiva e muitos sem compreender. Ele nos ensina muito. Creio que este é um tempo muito propício para a Igreja. É como uma primavera; um tempo de grande renovação.

Ter um Papa que é capaz de pegar o telefone e ligar para uma família enlutada, para uma pessoa depressiva; que é capaz de sair à noite com vestes sacerdotais para visitar os albergues, ver as pessoas que moram na rua; ter um Papa capaz destas coisas realmente nos mostra que a Igreja de Cristo se renova a cada dia e cumpre a promessa que diz que as portas do inferno não prevalecerão. Ela tem a força do Espírito Santo!

Ele se preocupa com a Amazônia, tem cuidado com os índios, é um homem muito sensível. Aquela barbearia e a lavanderia construída para lavar a roupa dos mendigos são gestos muito concretos que não transformam o mundo por inteiro, mas modificam a mentalidade de muitos. Quando as pessoas veem gestos do tipo, logo pensam que é o caminho que querem seguir também. Se pedirmos ajuda para uma obra, as pessoas ajudam. Mas, se pedirmos ajuda para fazer uma caridade, as pessoas o fazem ainda mais. Há sensibilização.

Francisco, mesmo sem ser franciscano, procurou trazer para a Igreja todo o espírito do franciscanismo. Escolheu esse nome porque desejava trazer a Igreja às origens; à simplicidade e com predileção pelos pobres.

O sociólogo Dominique Wolton, baseado em sua experiência de ter convivido com o sumo pontífice, afirmou que o Papa argentino é um homem corajoso, mas muito solitário. Por que o Papa é um homem solitário?

Inicialmente, pela própria postura e missão. O padre já é um homem da solidão; o bispo já é um homem um pouco mais da solidão; e o Papa, enfim, também o é. A vida exige momentos de reflexão, de silêncio, de oração. No papel dele, é necessário que tenha muito cuidado com quem convive, com quem conversa. O próprio raciocínio, o crescimento humano, espiritual e acadêmico vão tornando a pessoa assim.

O tempo vai fazendo com que sejamos mais seletivos. Hoje, aos 44 anos, nem toda companhia me faz bem; de algumas, prefiro fugir, porque não me acrescentam nada. Nós nos tornamos mais exigentes nos afetos, em tudo. Isso faz com que sejamos mais seletivos.

Aquilo que nos fazia bem, que nos preenchia há dez ou vinte anos, hoje não nos preenche mais. A caixa do pensamento cresceu, o pensamento dilatou-se, e não é qualquer amor ou raciocínio que preenchem, o que nos torna mais profundos. A profundidade deixa o homem solitário, porque nem todos nós conseguimos descer até certa profundidade; permanecemos no raso.

No raso, encontramos uma grande multidão. Assim como acontece em uma praia, aqueles que estão mais no fundo são os que aprenderam a nadar. A grande multidão está no raso. Muitas pessoas sequer entendem por que estão nessa condição.

Muito do que os grandes teólogos da Igreja propõem, a própria comunidade teológica nunca nem leu. Quem leu a *Suma Teológica* de

Santo Tomás de Aquino por completo? E as mais de duzentas obras de São Jerônimo, quem as leu por completo? A grande massa está na areia ou no raso. Quanto mais profundo formos, mais sozinhos ficaremos. É algo lógico da vida; uma escolha.

A política é uma causa sublime. Segundo o Papa Bergoglio, "é uma das mais altas formas de caridade". Qual análise o senhor faz desta arte no século XXI?

Eu diria que alguém que assume a política deveria assumi-la com a melhor das intenções. Sempre digo a um político que encontro: "Você sabia que é pai nesta cidade?". Uma pessoa desesperada que chega procurando um remédio, um transporte ou um tratamento não deve, jamais, sair da sala dele sem uma resposta, pois ele é pai. Assim como sou pai espiritual, eles são pais para as questões do dia a dia.

De um modo geral, acredito que estamos vivendo tempos sombrios na política. Ela está pensada como um espaço do qual tomo posse para beneficiar os meus. Certo dia, vi um comentário bem interessante na internet que dizia que, se os mais simples comandassem a política, o mundo seria melhor. Eu diria como Platão: "Quem devia governar o mundo eram os filósofos". Não como os filósofos de hoje pensam, mas como pensavam na época de Platão.

A chamada sofiocracia ou sofocracia.

Exato. Porque os filósofos estavam sempre buscando refletir o que era melhor para a pólis, para a cidade, e colocavam em questão as melhorias dela. Na visão de Platão, o melhor político é o filósofo ou alguém que tem um coração como o deles; alguém que está muito preocupado com o bem comum. Naquela época, os sacerdotes não faziam aconselhamentos. Quem os fazia eram os filósofos. Os sacerdotes conduziam a parte litúrgica.

Entendo ser imprescindível o mínimo preparo para a condução de um governo (seja ele municipal, estadual ou federal). Aliás, se os ocupantes das cadeiras republicanas não compreenderem o poder como serviço, não buscarão qualificar-se, elemento indispensável a um Estado de Direito.

Há muitos políticos despreparados. Pessoas que lutam pelo poder, mas o assumem sem saber o que fazer, apenas por vaidade. Alguns municípios de nosso país enfrentam tensões por serem governados por pessoas muito aquém daquilo que o povo precisa e merece. A política é nobre, mas como ela é pensada e feita, talvez não corrobore com a teoria. A própria massa contribui para isso.

Também na Igreja existem fiéis que contribuem para o carreirismo, com a loucura, com a correria em busca de *status* e posições. Quando criam a mentalidade de que as coisas só funcionam quando a política está no meio, esquecem que a grandeza está entre todos, e que o político é um empregado do povo; alguém que está ali para servir. Vejo que a política precisa passar por uma grande renovação.

A política é uma arte. Todavia, nem todos dão a importância necessária a esse meio, que assegura a vida em sociedade. O senhor convive com o povo diariamente. Em sua leitura, as pessoas têm amadurecido sua consciência política?

Sim. Porém, muitas pessoas votam de acordo com as conveniências; cada uma pensando em si. Vejo que há uma crescente consciência política nas massas de modo geral. Mas também existem muitas pessoas que não entendem nada sobre política. Não entendem mesmo a vida, não tiveram a graça de estudar, o que acaba acarretando o analfabetismo político. Elas não querem nem sabem qual ponto discutir sobre a política.

Vejo que, no interior, já existe uma revolução acontecendo. Lá, a evolução é bem mais do ponto de vista sentimental: as pessoas dizem que não gostam de determinado político por já ter prejudicado a cidade ou a família delas. Não há uma consciência de que a pólis precisa crescer. Precisamos politizar mais as pessoas, no sentido de entender a política como a arte do bem comum.

No cotidiano do padre, não há como fugir das injustiças sociais.

Sim. Uma das coisas que mais me causam angústia é ver os problemas do povo, as injustiças que acontecem, escutar os testemunhos de famílias que sofrem e passam por injustiças. Sinto angústia e impotência por não poder ajudar todo mundo, além de não poder dizer tudo que vejo. As pessoas também não são inocentes. Por vezes, querem jogar-nos contra A ou B ou, até mesmo, em uma fogueira.

No geral, as injustiças mexem muito com a gente. Mexiam com Cristo. Ele ficava muito angustiado. Também mexem com o padre. Ver situações como as que vejo tira-me do sério, porque imagino o que poderia fazer para ajudar mais concretamente às famílias ou à sociedade.

O senhor chegou a experimentar estas injustiças?

São muitas as injustiças sociais. Quando era pequeno e ia à rua com meus irmãos para trabalhar, calçávamos chinelo e vestíamos calção. Certa vez, no supermercado, eu olhava os produtos, sem dinheiro para comprar nada. Quando estava saindo, um dos caixas disse: "Esse menino é ladrão. Pode revistá-lo porque ele está levando alguma coisa". Aquilo me deixou um trauma muito grande!

Apareceu um conhecido e disse que não, que eu era de família boa e não era ladrão. Ainda assim, por muitos anos seguidos, não consegui entrar em um supermercado sem comprar nada. Tinha de levar, ao menos, algo pequeno para pagar, como se o comércio só tivesse espaço para quem tem dinheiro para comprar alguma coisa.

Já vivi outros momentos também. Certa vez, em um hospital público, o médico disse que só atenderia quem estivesse sangrando ou gritando de dor. Aquilo era uma grande injustiça, e sei que muitas pessoas vivem esse drama ainda hoje. Mesmo sendo padre, já passei por circunstâncias bem constrangedoras. Se eu, como sacerdote, enfrento isso, imagino o povo de Deus o quanto sofre.

O senhor pensa em voltar a Roma?
Sim. Penso em estudar línguas e fazer doutorado. É uma questão que deposito nas mãos de Deus. Hoje, enxergo as coisas sob uma nova ótica. Fui a Roma buscar conhecimento e trouxe o que eu queria. Às vezes, penso em um doutorado para esfriar a cabeça ou coisa assim. Ainda tenho vontade de aprender línguas antigas e o alemão também.

Penso em voltar e não saberia responder quando, pois as responsabilidades aqui são muitas. Como já tenho vontade, deixarei que Deus conduza o resto. Que Ele me inspire e me diga como e quando. "Como" porque os gastos lá são muitos, e "quando" porque isso a Deus pertence também. Procuro voltar ainda melhor para servir à Igreja.

Antes de proferir a última pergunta destas conversas, devo lembrar que o senhor atuou em muitas funções: foi membro do conselho presbiteral, assumiu várias paróquias, dirigiu a Rádio Diocesana, ministrou aulas em universidades e seminários, coordenou numerosos serviços e pastorais, acompanhou a Renovação Carismática e diversas comunidades. Durante mais de vinte anos, dedicou sua vida ao Reino de Deus. O serviço foi, para o senhor, antes uma questão ética, uma praxe a ser cumprida para um objetivo maior ou, simplesmente, uma expressão contínua de homem que decidiu não viver para si?
Identifico-me muito com a segunda proposição, que afirma a negação de pretensão e ilusão. Quando deixamos nossa casa e nossa família, deve haver um ideal grande e, sobretudo, um desejo de correspondê-lo. Fazer o pouco que posso para que o mundo se torne um lugar melhor, para que as pessoas que convivam comigo possam crescer.

O padre nada mais é que um pai, e eu experimento essa verdade todos os dias. As pessoas sempre me procuram para fazer perguntas decisivas sobre a vida, e acho isso muito forte.

Assumi muitos trabalhos na diocese. Nunca fugi de nenhum e procurei exercer tudo com muita simplicidade e sem querer aparecer ou entrar na onda do personalismo. Acredito, piamente, que o reino de Deus acontece assim, com simplicidade.

Quando estive em Roma, conheci certa autoridade do Vaticano. Um homem muito inteligente, sabia dezenove línguas. Jantamos juntos nesse dia. Ele foi representar o Vaticano em Israel. Ao descer do avião, viu a movimentação de policiais federais e se sentou a uma mesinha para tomar café, enquanto esperava as outras autoridades. Certo momento, depois de ter tomado o café, chamou alguém e perguntou o porquê da segurança toda, se estavam esperando alguém. A pessoa respondeu-lhe que sim, estavam esperando um enviado do Vaticano. Então, ele apresentou-se como tal, causando perplexidade por não estar trajado como esperavam.

São fatos interessantes que mencionamos para lembrar que o conteúdo é mais importante que a casca. O miolo conta bem mais. Certa vez, uma paroquiana me recomendou: "Padre, nunca apareça malvestido e nunca deixe ninguém perceber quando o senhor estiver triste". Este é o rosto de uma sociedade que crê muito mais no *look* que a essência.

Padre Marcelo Rossi conta que foi convidado a ir a uma emissora de TV e lhe disseram que, para se apresentar, precisaria chegar algumas horas antes, de barba feita e cabelo cortado, para fazer a maquiagem. Continuou dizendo que, certa vez, abusou disso e chegou com a barba por fazer, um pouco rala. Disse que havia feito o que queria e que era legal usar a liberdade, sem precisar se encaixar em padrões.

Vejo-me como alguém que se colocou e ainda se coloca a serviço da diocese. Por assumir, certas vezes, coisas que não planejava, não pedia nem tampouco pensava a respeito. Assim, Deus se manifestou. Na minha fraqueza, senti-me forte porque sabia que Ele estava comigo.

Ao longo de minha vida, fiz muito do que não queria fazer, mas por causa do Reino. Acredito ser isso a vocação. Se colocarmos amor acima do querer, tudo funciona. Por amor, coloquei-me a serviço. Eu sabia que a diocese precisava disso. As tarefas mais difíceis são aquelas que resultaram em maior prazer, afinal, desafios são construtivos e nos fazem sentir realizados.

Houve convites maiores que recusei. Imaginava que não era a hora. O padre Arlon Cristian, certa vez, convidou-me a fazer uma entrevista de uma hora e meia na Canção Nova. Era sobre o mundo da patrística e antiguidades cristãs. Estava até em São Paulo, mas não aceitei. Um café filosófico em uma universidade reuniu mais de mil alunos e me convidou para presidir um tema à escolha. À época, também não aceitei.

Quando voltei ao Brasil, fiz votos de passar três anos em silêncio, como uma vida oculta de Cristo. As pessoas sempre me perguntavam o motivo, e eu sempre respondia a verdade: que queria passar um tempo mais tranquilo em relação a essas coisas.

Então, valeu a pena ser padre?

Ah, vale sempre a pena [*com firmeza*]. Ser padre é tudo. Se eu nascesse de novo, escolheria ser padre novamente. Caso Deus me chamasse, acolheria a vocação mais uma vez, porque é uma vocação belíssima!

Quantas pessoas escuto que me contam coisas que não falam nem à família? Quantas pessoas entram em minha sala mortas e saem ressuscitadas? Encontro homens e mulheres decepcionados com a vida e tenho a oportunidade de levantá-los. Pessoas à beira do suicídio, e posso livrá-las através de uma conversa.

Ser padre é uma maravilha! Chega diante de mim um pagão que, lavado nas águas do batismo, ergue-se cristão e se torna herdeiro do

Céu. Angustiado por suas faltas, mas, depois da confissão, renovado com um belo sorriso.

Reunir a assembleia para distribuir o pão da vida, da Palavra, da Eucaristia. Poder dar unção e confortar àqueles que estão à beira da morte. Escutar as crianças na primeira confissão e comunhão, prepará-las para o primeiro encontro com o Cristo sacramentado.

Descubro a cada dia que é um ministério belíssimo e encantador. Diria para os jovens que sentem esse chamado que não tenham medo e não fujam dele. Acolham! Se Deus o chama, você terá forças para fazer o que deve ser feito. Jamais será em vão. Acolha, abrace e viva sua vocação!

GRAZIE!
PREGO!

CARTA A UM JOVEM PADRE

Por padre Fábio de Abreu Lima

A vida sacerdotal como um caminho de felicidade. Esta carta, enviei a um aluno, em véspera da sua ordenação presbiteral, e foi escrita em um retiro, em primeiro lugar, para orientar a mim mesmo.

Primeiro mandamento: amarás a Cristo, Bom Pastor e, em nome Dele, por causa Dele, serás pastor do teu próximo para vigiá-lo.

Contrariando aquilo que disse Caim para Deus quando Ele lhe perguntou onde estava seu irmão, somos convidados a ser pastores por causa do Bom Pastor. Sempre com o olhar Nele, no Bom Pastor, bebendo desta fonte, iluminados por esta luz que brota da Cruz, é que seremos bons pastores para a humanidade. Quando evangelizamos o rebanho pensando apenas nele, nós nos decepcionamos. O Cristo deve ser toda a razão e motivação da nossa evangelização. O amor ao próximo, o amor a Cristo e a configuração a Cristo fazem-nos ir além!

Segundo mandamento: viverás unido a Cristo, intimamente, pela oração, pela Palavra, na qual meditarás de dia e de noite, buscando a santidade.

A meditação da Palavra, a vida de oração, a adoração ao Santíssimo, a leitura dos santos padres e a busca por santidade são muito necessárias na vida de um padre. Não se pode viver a grande paixão por Cristo sem vida de oração intensa.

Terceiro mandamento: viverás sem ambiguidades, fugirás das ocasiões, dos assédios deste mundo louco, de toda ocasião de pecado.

Uma vida sem ambiguidade, um coração sem divisões nem rachaduras seria o ideal para um sacerdote. Viver sem disfarces, sem estar com um pé na Igreja e o outro no mundo, mas com os dois pés dentro da Igreja. Se por acaso você vier a errar, que seja por ingenuidade e fragilidade, e não por ter entrado na loucura do mundo.

Quarto mandamento: viverás a simplicidade, buscando a maior de todas as bem-aventuranças: a liberdade interior.

Serás livre, interiormente, para dizer a verdade do Evangelho, para pregá-lo. Um padre não deve se reger nem se portar de acordo com a possibilidade da crítica que o outro tem a fazer sobre ele, mas deve experimentar a liberdade de pregar o Evangelho. A própria Palavra nos diz: "Pregar o Evangelho oportuna e importunamente"[38].

Quinto mandamento: procurarás atingir a estatura de um grande ser humano, fugirás de tudo que desumaniza a ti ou ao próximo, fugirás da loucura das buscas de aparência e poder.

É um mandamento muito belo. Atingir a estatura de Cristo é a grande luta do ser humano: deixar de ser pequeno como Adão para tentar ser grande como Cristo, ser homem como Ele.

Sexto mandamento: serás íntegro e obedecerás à tua consciência, escutarás a Palavra de Deus e examinarás a conduta daqueles que te precederam na fé, os santos padres, doutores e místicos.

A ausência de integridade em um padre impossibilita uma salutar convivência. Um padre relaxado, que não tenha temor de Deus

---

38. Cf. II Tm 4, 2.

nem amor ao Evangelho, seria um grande desastre. Espera-se de um padre, em primeiro lugar, que seja um homem com qualidades de homem, e uma delas é a integridade, a reta consciência: um bom caráter. A escuta da Palavra gerará nele tudo isso.

Sétimo mandamento: relacionar-te-á com as instituições e os grandes, como Cristo o fez. Não bajularás nem te prostrarás perante o dinheiro ou o poder, mas serás livre.

Já comentamos sobre esse quesito. As alianças e todas essas inclinações ao poder e ao dinheiro são muito perigosas. Com equilíbrio, exercerás a profecia para consolar, encorajar e corrigir, te dobrarás perante os pobres. Eles são a imagem mais pura de Deus, são os prediletos do Evangelho.

Oitavo mandamento: não esquecerás jamais quem tu és e qual sua missão no mundo. Sois luz, sal e fermento.

Um dos grandes desafios do padre é não esquecer quem ele é. Rezo sempre pedindo às pessoas que me coloquem em oração e rezem na intenção de que eu nunca esqueça quem sou. Na comunidade, as pessoas esperam ver em mim um pai e não um "parceiro", esperam ver em mim esse espírito de paternidade. Mas que eu não esqueça quem sou: pai na essência, sou presbítero. Essa é minha missão no mundo.

Nono mandamento: primarás pelo que é humano, e os valores mais belos tentarás viver. Tentarás progredir na integridade, na justiça, na verdade e na honestidade.

Um padre que não cultive valores humanos não terá nada a oferecer, será um igual aos outros, "junto e misturado", como o dito popular. Devemos estar juntos, mas o quesito "misturado" é um pouco complexo. A mistura significa, às vezes, a perda da identidade, a alienação, juntar-se aos outros, sem se preservar e sem a consciência de quem se é. Não esquecerás jamais quem tu és.

Décimo mandamento: serás um bom ser humano, um bom homem. Serás capaz da alegria, do perdão, do choro, do riso, da misericórdia. Serás capaz de viver como um homem, buscando sempre a estatura de Cristo, porque Ele é o homem por excelência.

A um padre jovem na sua ordenação, eu diria: o dia da ordenação é o dia mais belo, para o qual você se preparou durante dez anos. Naquele momento, você receberá um sacramento especial: prostra-se o homem velho, no chão, e se ergue um homem novo após a ladainha. É o momento em que se é vestido em vestes eclesiais como diácono, mas, depois, será revestido com a dignidade presbiteral.

É um dia especial em que estão muitos padres da diocese, pessoas de muitos lugares, juntas para testemunhar o seu "sim" a Deus, o seu desejo de ser fiel. É um dia não para pompas, mas para afirmar sua fé publicamente e para testemunhar o amor a tantos que forem ali participar da sua ordenação.

O dia da ordenação é um dia no qual receberás a imposição de mãos do teu bispo e dos teus coirmãos no sacerdócio, tua futura família espiritual, o clero. Ao imporem as mãos, aqueles sacerdotes te passarão, juntamente com o bispo, a tradição da Igreja, o amor às coisas sagradas. Aquele dia é um dia em que se fazem promessas, juras de amor a Cristo e à sua Igreja, e se fazem diante da comunidade.

No futuro, deves acompanhar sempre aquela lembrança antes de trair a comunidade ou o seu ministério. A lembrança do que prometeu diante do altar. O padre deve esforçar-se em tudo, para não quebrar aquilo que prometeu diante de uma grande multidão.

O dia da ordenação é um dia em que o jovem padre é acolhido pelo clero e pelas tantas expressões religiosas. Ali, há um pouco do rosto da Igreja, à qual ele servirá, e os colegas com os quais trabalhará. Ao prostrar-se, que o neossacerdote perceba que muitas coisas, a partir de então, não cabem mais na vida dele. A ordenação é como o dia do matrimônio para os noivos. Eles entram separados e saem juntos, porque a celebração muda tudo na vida dos dois. A partir daquele momento, não há um eu, mas há um eu unido a outro eu. A partir daquele momento, não é apenas minha vontade que conta, mas a vontade de Cristo. Quanto mais me configuro a Ele, mais devo viver o Evangelho em profundidade.

O dia da ordenação de um padre é, por excelência, especial. Um dia de grande mergulho na graça para tornar-se, para o mundo, outro Cristo. Um homem capaz de dar a vida pelo Evangelho, capaz de renunciar a tudo aquilo que atrapalha a sua vivência de fé, um homem capaz de doar-se inteiramente, sem divisões.

Seja esse dia um dia feliz, em que esbanjemos alegria. Depois de uma longa caminhada, é chegado o dia de vitória, e ele não é só nosso, mas de todas as pessoas que nos ajudaram a chegar até ali. É o dia para reconhecer o esforço da família e dos amigos, a acolhida que se recebeu na diocese do bispo e dos colegas. É um dia de festa que deve ser recordado. Aquele álbum de recordações desse momento deve ser olhado sempre, sobretudo nos dias mais sombrios e difíceis, para que a pessoa recorde o amor esponsal que recebera e abraçara no altar, naquele dia. Ele pertence, está intimamente ligado ao Esposo de todas as almas, o amor dos amores.

Como disse um padre jesuíta: "Que o padre apaixonado por Cristo tenha em sua cabeça que seu primeiro bom-dia deve ser o de Cristo e que seu último boa-noite deve ser o Dele também". A primeira pessoa a quem devemos nos dirigir é a Cristo, em oração, e a última pessoa com quem falamos também deve ser Cristo. Que tudo que o padre faça seja em nome de Cristo e para a glória Dele. Se ele estudar, estude pensando em progredir para o bem da Igreja. Se ele profetizar, que seja buscando o bem da Igreja. Se ele rezar, que sua oração seja pensando no bem maior da Igreja e para ela.

Que o padre seja, a cada dia, um homem unido ao Evangelho. Um homem que seja, aos poucos, transformado; uma alma transformada para servir a Cristo. Uma pessoa que foi moldada pela força do Evangelho e tornou-se dócil para servir a todos. Tornou-se sábio para espalhar o Evangelho, tornou-se belo para espalhar a beleza por onde passar. Tornou-se odor do Evangelho para espalhar esse perfume gostoso da Palavra de Deus; alguém alegre para espalhar a alegria; um homem feliz para espalhar felicidade.

O padre é um mensageiro da alegria, do amor e da virtude. É alguém que foi resgatado pelo amor de Deus, foi e é perdoado de suas faltas para ser testemunha do perdão e da misericórdia. Seja o padre, portanto, consciente de sua vocação, do seu lugar, de quem ele é, de seu ministério. Que ele possa ler a vida dos santos padres e dos doutores da Igreja para conhecer um pouco o sentimento daqueles que nos precederam na fé e possa, assim, dar testemunho.

Muitos testemunharam com a força do próprio sangue. Se não for o martírio nesse sentido, que seja o martírio branco, diário, de uma alma que se consome pelo Evangelho sem se lamentar, sem chorar, sem imaginar outras possibilidades, mas se consome por ter sido conquistado por Ele. Viu no Evangelho aquela pérola preciosa, pela qual se vende tudo; aquele tesouro no campo, pelo qual se vende tudo[39].

O dia da ordenação de um padre é um dia para ganhar presentes também, mas sobretudo para tornar-se um grande presente para a Igreja, à medida que ele deixe que Cristo apareça e ele diminua. É um dia em que o padre pode olhar para Cristo, para os padres de grande estatura, como São João Maria Vianney e outros, e imaginar que, ali, se inicia uma vida nova, uma nova missão. Que ele enxergue que, a partir de então, não se pertence mais, mas pertence a Cristo, portanto suas obras devem ser examinadas a partir de sua pertença a Ele.

Se eu pudesse deixar uma palavra aos padres novos, seria essa. Uma espécie de decálogo refletido e meditado sobre o valor e a dignidade de um sacerdote. O Antigo Testamento apresenta o testemunho de Esaú, que trocara toda a sua herança por um prato de lentilha. Eu diria aos padres novos e digo a mim mesmo: que em nenhum

---

39. Cf. Mt 13, 44.

momento troquemos a beleza do ministério sacerdotal por uma sopa de lentilha. Que nada possa tomar o lugar de Cristo no altar de nosso coração; que o trono da sala principal seja sempre de Cristo; que o amor a Cristo e à Igreja estejam sempre no nosso serviço.

Seja feliz e faça com que os outros também o sejam. Espalhe o amor de Cristo por onde passar e que o rastro de sua passagem na vida das pessoas seja de alegria, de luz, de alguém que está feliz e integrado ao Evangelho. Que você, como padre, nunca deixe na vida das pessoas um rastro de angústia, de perturbação, de inquietação ou de amargura, mas que a memória que elas tenham de você seja a de um homem de Deus, com seus limites e lutas, mas, sobretudo, com sua alegria de estar a serviço do Evangelho, de ter doado sua vida. Que você possa dizer, incessantemente e sem esquecer, como o apóstolo Paulo: "Eu sei em quem depositei a minha esperança, em quem acreditei, a quem resolvi doar a vida, sei a causa pela qual estou me consumindo"[40].

Que o padre jovem tenha um planejamento de sua vida e do seu dia para que não perca tempo com coisas vazias e banais, mas para que inclua a oração, o cuidado consigo mesmo, com os pobres, para que ele tenha um dia repleto de uma pastoral que possa promover as pessoas e promover o Evangelho, fazendo com que Cristo seja cada dia mais conhecido e amado por todos.

Vale a pena ser padre! Vale a pena seguir Cristo!

---

40. Cf. II Tm 1, 12.

Esta obra foi composta em Leitura Sans 11 pt e
impressa em papel Offset 75 g/m² pela gráfica Paym.